D1717367

MIX
Papier aus verantwortungsvollen Quellen
Paper from responsible sources
FSC® C105338

FSC
www.fsc.org

Philipp Lazic

Vorschlag für eine Verordnung des Rates über das Statut der Europäischen Privatgesellschaft

Bachelor + Master
Publishing

Lazic, Philipp: Vorschlag für eine Verordnung des Rates über das Statut der Europäischen Privatgesellschaft, Hamburg, Bachelor + Master Publishing 2013
Originaltitel der Abschlussarbeit: Vorschlag für eine Verordnung des Rates über das Statut der Europäischen Privatgesellschaft.

Buch-ISBN: 978-3-95549-486-5
PDF-eBook-ISBN: 978-3-95549-986-0
Druck/Herstellung: Bachelor + Master Publishing, Hamburg, 2013
Covermotiv: © Kobes · Fotolia.com
Zugl. European Management School, Mainz, Deutschland, Bachelorarbeit, 2012

Bibliografische Information der Deutschen Nationalbibliothek:
Die Deutsche Nationalbibliothek verzeichnet diese Publikation in der Deutschen Nationalbibliografie; detaillierte bibliografische Daten sind im Internet über http://dnb.d-nb.de abrufbar.

Das Werk einschließlich aller seiner Teile ist urheberrechtlich geschützt. Jede Verwertung außerhalb der Grenzen des Urheberrechtsgesetzes ist ohne Zustimmung des Verlages unzulässig und strafbar. Dies gilt insbesondere für Vervielfältigungen, Übersetzungen, Mikroverfilmungen und die Einspeicherung und Bearbeitung in elektronischen Systemen.

Die Wiedergabe von Gebrauchsnamen, Handelsnamen, Warenbezeichnungen usw. in diesem Werk berechtigt auch ohne besondere Kennzeichnung nicht zu der Annahme, dass solche Namen im Sinne der Warenzeichen- und Markenschutz-Gesetzgebung als frei zu betrachten wären und daher von jedermann benutzt werden dürften.

Die Informationen in diesem Werk wurden mit Sorgfalt erarbeitet. Dennoch können Fehler nicht vollständig ausgeschlossen werden und die Diplomica Verlag GmbH, die Autoren oder Übersetzer übernehmen keine juristische Verantwortung oder irgendeine Haftung für evtl. verbliebene fehlerhafte Angaben und deren Folgen.

Alle Rechte vorbehalten

© Bachelor + Master Publishing, Imprint der Diplomica Verlag GmbH
Hermannstal 119k, 22119 Hamburg
http://www.diplomica-verlag.de, Hamburg 2013
Printed in Germany

I. Inhaltsverzeichnis

II. Abkürzungsverzeichnis

ABl.	Amtsblatt der Europäischen Union
Abs.	Absatz
Art.	Artikel
Artt.	Artikel plural
BDA	Bundesvereinigung der Deutschen Arbeitgeberverbände
BDI	Bundesverband der Deutschen Industrie e.V.
BRAK	Bundesrechtsanwaltskammer
bzw.	beziehungsweise
DAV	Deutscher Anwaltverein (DAV) e.V.
DGB	Deutscher Gewerkschaftsbund
DNOTV	Deutscher Notarverein
DrittelbG	Drittelbeteiligungsgesetz
EG	Europäische Gemeinschaft
EGV	Vertrag zur Gründung der Europäischen Gemeinschaft
EU	Europäische Union
EuGH	Europäischer Gerichtshof
EUR	Euro
EWG	Europäische Wirtschaftsgemeinschaft
f.	folgende
Fn.	Fußnote
GmbH	Gesellschaft mit beschränkter Haftung

lit.	Buchstabe
litt.	Buchstaben
KMU	kleine und mittlere Unternehmen
KOM	Kommission
Mio.	Million
Rdnr.	Randnummer
Rdnrn.	Randnummern
S.	Seite
SBA	Small Business Act
SE	Societas Europaea
SPE	Societas Privata Europaea
SPE's	SPE Plural
vgl.	vergleiche
VO	Verordnung
z.B.	zum Beispiel

1. Einleitung

Die vorliegende Arbeit befasst sich mit dem Vorschlag für eine Verordnung des Rates über das Statut der Europäischen Privatgesellschaft. Dieser sieht vor, eine neue europäische Rechtsform für KMU zu schaffen, welche Niederlassungen und die Tätigkeit im Binnenmarkt der EU erleichtern soll. Dadurch soll die Wettbewerbsfähigkeit der KMU gesteigert werden, die immerhin 99% der Unternehmen in der EU repräsentieren.[1] Der Vorschlag ist daher den spezifischen Bedürfnissen von KMU angepasst. Gleichwohl soll die neue europäische Rechtsform auch von großen Unternehmen verwendet werden können. Durch den Vorschlag sollen Unternehmen eine SPE einheitlich einfach und flexibel gründen können. Bislang ist lediglich ein Vorschlag für eine Verordnung des Rates über das Statut der Europäischen Privatgesellschaft entworfen worden, welcher Thema dieser Arbeit ist.

Die Arbeit ist in zwei Teile gegliedert. Im ersten Teil wird zunächst der Inhalt der VO präsentiert. Darauf aufbauend werden die Begründungen der Kommission für den jeweiligen Inhalt dargestellt. Der zweite Teil behandelt sodann die Rezeption interessierter Kreise. In diesem Teil werden die Stellungnahmen ausgewählter Kammern, Verbände und Vereine aus Deutschland zum SPE-Statut vorgestellt und erläutert. Insbesondere sollen hier mögliche Änderungs-, Ergänzungs-, bzw. Verbesserungsmöglichkeiten formaler oder inhaltlicher Art aufgezeigt werden. Die daraus gewonnenen Erkenntnisse sollen letztlich die Frage beantworten, wie der VO-Vorschlag in Deutschland aufgefasst wurde und ob eine Kompetenznorm seitens der EU gegeben ist, eine solche VO einzuführen.

2. Die Hauptinhalte der Verordnung im Überblick

Im zweiten Kapitel der vorliegenden Arbeit wird dem Leser ein Überblick über den Inhalt des Vorschlags für das Statut der Europäischen Privatgesellschaft gegeben. Die Gliederung lehnt sich zur Übersichtlichkeit an die Original-Gliederung des Vorschlags an. Zusätzlich zum Inhalt der jeweiligen Artikel des VO-Vorschlags wird der Autor zudem die Begründungen der Kommission einfließen lassen, die Aufschluss über die Absicht einiger Artikel geben sollen.

---

[1] http://ec.europa.eu/enterprise/policies/sme/facts-figures-analysis/index_de.htm.

2.1. Grundlagen und Definitionen

Im Zuge des Small Business Act für Europa (SBA)[2], der im Juni 2008 angenommen wurde, schlägt die Kommission eine Verordnung für das Statut der Europäischen Privatgesellschaft (im nachfolgenden VO genannt) vor. Das Statut für die Europäische Privatgesellschaft (im nachfolgenden SPE) soll eine gemeinsame europäische Gesellschaftsrechtsform schaffen. Diese Maßnahme soll den kleinen und mittleren Unternehmen (KMU) die „Geschäftstätigkeit der KMU im Binnenmarkt erleichtern und folglich ihre Marktleistung verbessern"[3]. Der SBA definiert „KMU" als Unternehmen, die maximal 250 Arbeitnehmer beschäftigen, deren jährliche Umsatzerlöse maximal EUR 50 Millionen betragen oder die eine Bilanzsumme aufweisen, die kleiner ist als EUR 43 Millionen.[4] Eine solche Förderung von KMU ist sinnvoll, da diese 99% aller Unternehmen in der Union ausmachen.[5] Der Vorschlag ist daher auf die spezifischen Bedürfnisse der KMU ausgerichtet und soll einen einheitlichen Rechtsrahmen für die Gründung einer SPE in allen Mitgliedsstaaten schaffen. Insbesondere auf die Kostensenkung bei Gründung einer solchen Gesellschaft wurde in diesem Vorschlag besonders geachtet.[6]

---

[2] Mitteilung der Kommission an das Europäische Parlament, den Rat, den Europäischen Wirtschafts - und Sozialausschuss und den Ausschuss der Regionen - Vorfahrt für KMU in Europa - Der „Small Business Act" für Europa {SEK(2008) 2101} {SEK(2008) 2102} vom 25.06.2008.
[3] Vorschlag für eine Verordnung des Rates über das Statut der Europäischen Privatgesellschaft, S. 2.
[4] EMPFEHLUNG DER KOMMISSION vom 6. Mai 2003 betreffend die Definition der Kleinstunternehmen sowie der kleinen und mittleren Unternehmen (K(2003) 1422) vom 20.05.2003, S. 2.
[5] http://ec.europa.eu/enterprise/policies/sme/facts-figures-analysis/index_de.htm.
[6] Vorschlag für eine Verordnung des Rates über das Statut der Europäischen Privatgesellschaft, S. 2.

Abbildung 1[7]

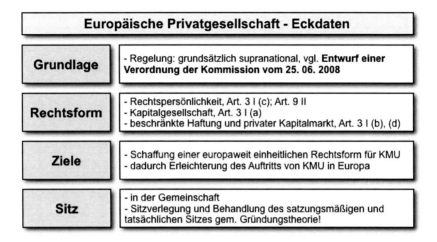

Auf Regelungen, die das Arbeits- bzw. Steuerrecht, die Rechnungslegung oder die Insolvenz betreffen, geht der Vorschlag nicht ein. Ebenfalls unbehandelt bleiben vertragliche Rechte bzw. Verpflichtungen der SPE, sofern diese nicht durch die Satzung geregelt werden. Die vorangegangenen Regelungen, die der Vorschlag nicht umfasst, unterliegen dem jeweils anwendbaren innerstaatlichen Recht eines Mitgliedsstaates bzw. dem Unionsrecht.

2.2. Allgemeine Bestimmungen

Im Kapitel 2.2. werden die allgemeinen Bestimmungen bezüglich der SPE beschrieben. Die nachfolgenden Artt. 1 bis 4 VO definieren den Gegenstand, die allgemeinen Begriffsbestimmungen, die Gründungsvoraussetzung sowie die Regelungen, die auf die SPE Anwendung finden.

2.2.1. Gegenstand

Art. 1 der VO bestimmt ihren Gegenstand der Regelung. Die Artt. 1 bis 48 der VO stellen sowohl die Voraussetzungen für die Gründung als auch die Bestimmungen bei der Verwendung von Gesellschaften mit der Rechtsform der Europäischen

---

[7] http://www.net4lawyer.com/wirecht/uploads/EuropaeischePrivatgesellschaft/SPE_Eckdaten.jpg.

Privatgesellschaft mit beschränkter Haftung (Societas Privata Europaea im Nachfolgenden „SPE") innerhalb der Europäischen Union dar.

2.2.2. Begriffsbestimmungen

Art. 2 VO enthält Legaldefinitionen. Im ersten Absatz werden in sieben Buchstaben die Begriffe definiert. Gemäß Art. 2 Abs. 1 lit. (a) VO sind „Anteilseigner" ein oder mehrere Gründungsgesellschafter bzw. andere Personen, die namentlich in das Anteilseignerverzeichnis gemäß der Artt. 15 bis 16 VO aufgenommen wurden.

Gemäß Art. 2 Abs. 1 lit. (b) VO bedeutet „Ausschüttung" einen finanziellen Vorteil bzw. Nutzen, den ein Anteilseigner durch den Besitz ein oder mehrerer SPE-Anteile, aus der SPE direkt oder indirekt zieht. Zu diesen Vorteilen zählen sowohl die Übertragung von Zahlungsmitteln und Immobilien als auch ein Schuldbeitritt.

Gemäß Art. 2 Abs. 1 lit. (c) VO gilt als „Mitglied der Unternehmensleitung", wer ein zur Geschäftsführung bzw. Vertretung befugtes Mitglied ist. Weiterhin zählen die Mitglieder der Leitungs-, Verwaltungs- bzw. Aufsichtsorgane einer SPE zu den „Mitgliedern der Unternehmensleitung".

Der Art. 2 Abs. 1 lit. (d) VO definiert den Begriff „Leitungsorgan", welches durch die Satzung der SPE bestimmt wird. Dort wird festgelegt, wer zur Außenvertretung der SPE befugt ist. Dies können ein bzw. mehrere geschäftsführende Mitglieder sein, die gemäß Satzung entweder als Leitungsgremium im dualistischen System oder als Verwaltungsgremium im monistischen System bestehen. Es handelt sich beim Leitungsorgan daher entweder um ein Leitungsgremium oder ein Verwaltungsgremium. Je nachdem, ob das monistische bzw. dualistische System Anwendung findet.

Gemäß Art. 2 Abs. 1 lit. (e) VO, der den Begriff „Aufsichtsorgan" definiert, ist dieses ein Aufsichtsgremium, welches Kraft Satzung zur Aufsicht bzw. Kontrolle des Leitungsorgans befugt ist.

Nach Art. 2 Abs. 1 lit. (f) VO wird der „Herkunftsmitgliedsstaat" als das Mitgliedsland bezeichnet, in welchem die SPE unmittelbar vor der Sitzverlegung in einen anderen Mitgliedsstaat ihren ursprünglichen eingetragenen Sitz hatte.

Der Art. 2 Abs. 1 lit. (g) VO definiert den „Aufnahmemitgliedsstaat" als das aufnehmende Mitgliedsland, in welches der SPE-Sitz verlegt wird.

Der Art. 2 Abs. 2 VO konkretisiert die „Ausschüttungen", die nach Art. 2 Abs. 1 lit. (b) definiert werden. Demnach fallen unter „Ausschüttungen" auch der Erwerb von Immobilien, die Rücknahme von Anteilen, sowie jede weitere Art der Rücknahme von Anteilen.

2.2.3. Voraussetzungen für die Gründung einer SPE

Der Art. 3 VO regelt mit fünf Unterpunkten die Mindestvoraussetzungen für die Gründung der SPE. Fälschlicherweise wird unter der betreffenden Überschrift von „Voraussetzungen" gesprochen, obwohl es sich um die Wesensmerkmale einer SPE handelt. Danach muss das Kapital einer SPE in Anteile zerlegt sein. Die Haftung der Anteilseigner beschränkt sich auf die Höhe des gezeichneten Kapitals respektive die Erklärung über die Höhe der Zeichnung. Anteile der SPE dürfen weder gehandelt noch öffentlich angeboten werden. Unter „öffentlich angeboten" definiert Art. 3 VO die Verbreitung von Informationen, die die Angebotsbedingungen enthält, sodass potentielle Anleger in der Lage sind eine Entscheidung über den Erwerb oder die Zeichnung solcher Anteile zu treffen. Dies gilt auch dann, wenn diese Informationen von Vermittlern stammen. Eine Gründung kann durch ein oder mehrere juristische und/oder natürliche Personen, die als Gründungsgesellschafter bezeichnet werden, erfolgen. Hierbei werden juristische Personen als Gesellschaften im Sinne des Art. 48 Abs. 2 des EG Vertrages definiert. Ebenso wie Europäische Aktiengesellschaften gemäß der VO Nr. 2001/2157 des Rates als Europäische Genossenschaften laut der VO 1435/2003 des Rates und europäische wirtschaftliche Interessenvereinigungen nach der VO 2137/85 des Rates und SPE's. Die SPE besitzt eine Rechtspersönlichkeit.

2.2.4. Auf eine SPE anwendbare Bestimmungen

Art. 4 VO definiert, welche Bestimmungen auf die SPE anzuwenden sind. Demnach sind diese VO sowie die Satzung der SPE anzuwenden, welche die Mindestvoraussetzungen hinsichtlich der geforderten Bestimmungen erfüllen muss.

Sofern die VO oder die SPE-Satzung mit den nach Anhang I enthaltenen Mindestvoraussetzungen einen Punkt nicht eindeutig regelt, so greift stets das nationale Recht des Mitgliedslandes, welches für Privatgesellschaften mit beschränkter Haftung angewandt wird und in dem die SPE ihren eingetragenen Sitz hat. Weiterhin gelten die Vorschriften gemäß des „anwendbaren Rechts", welches das Gemeinschaftsrecht umsetzen soll.

Abbildung 2[8]

2.3. Gründung

In Kapitel 2.3. werden die Anforderungen hinsichtlich der Gründung einer SPE bestimmt. Die Artt. 5 bis 13 VO regeln die Gründungsmöglichkeiten, die Eintragung, den Satzungssitz sowie weitere gründungsrelevante Aspekte. Dabei wird auch auf die Haftung bei Handlungen, die vor dem Eintrag der SPE stattfanden, eingegangen.

---

[8] http://www.net4lawyer.com/wirecht/uploads/EuropaeischePrivatgesellschaft/SPE_Rechtsgrundlagen.jpg.

2.3.1. Gründungsmöglichkeiten

Der Art. 5 VO regelt die Gründungsmöglichkeiten einer SPE. So können SPE's generell nach Maßgabe der VO gegründet werden. Bereits bestehende Gesellschaften können zu einer SPE umgewandelt, verschmolzen oder gespalten werden. Jedoch gilt hierbei stets das innerstaatliche Recht, welches auf die jeweilige Umwandlung, Verschmelzung oder Spaltung anzuwenden ist. Die Rechtspersönlichkeit einer Gesellschaft geht bei einer Umwandlung weder verloren noch wird sie unterbrochen.

Abbildung 3[9]

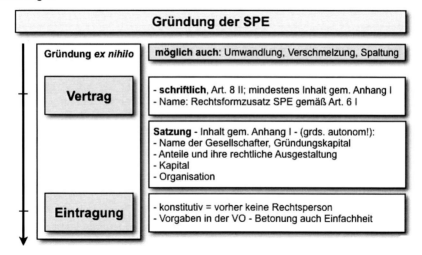

2.3.2. Name der Gesellschaft

Gemäß Art. 6 VO folgt auf den Unternehmensnamen der Zusatz „SPE", welcher lediglich den SPE's vorbehalten ist. Unzutreffend ist hier der Titel des 6. Artikels, da es sich nicht um den Namen der Gesellschaft handelt. Es handelt sich vielmehr um den Namenszusatz zum Unternehmensnamen, der die Rechtsform einer Unternehmung kennzeichnet. Ein sogenannter zwingender Rechtsformzusatz.

---

[9] http://www.net4lawyer.com/wirecht/uploads/EuropaeischePrivatgesellschaft/SPE_Gruendung.jpg.

2.3.3. Gesellschaftssitz

Der Sitz der Gesellschaft wird in Art. 7 VO definiert, nach dem die SPE ihren Gesellschaftssitz sowie ihre Hauptniederlassung oder Hauptverwaltung im Bereich der Gemeinschaft also innerhalb der europäischen Union hat. Nach dem Centros-Urteil [10] des EuGH besteht keine Verpflichtung, den Gesellschaftssitz und die Hauptniederlassung oder Hauptverwaltung im gleichen Mitgliedsstaat zu halten. Dies wurde so auch in Art. 7 VO übernommen.

2.3.4. Satzung

Nach Art. 8 Abs. 1 VO verfügt eine SPE stets über eine Satzung, welche die im Anhang I genannten Punkte der VO regelt.

Gemäß Art. 8 Abs. 2 VO muss die Satzung der SPE in schriftlicher Form vorliegen und von allen Gründungsgesellschaftern unterzeichnet sein.

Der Art. 8 Abs. 3 VO definiert die Wirksamkeit der Änderung der Satzung bzw. weiterer Änderungen. Demnach werden Änderungen gegenüber den Anteilseignern, dem Leitungsorgan und, falls vorhanden, dem Aufsichtsorgan ab dem Tage der Unterzeichnung bzw. Annahme der Änderung wirksam. Die Änderungen werden gegenüber Dritten gemäß des anwendbaren innerstaatlichen Rechts wirksam, das den Art. 3 Abs. 5, 6 und 7 der Richtlinie 68/151/EWG[11] umsetzt.

2.3.5. Eintragung

Art. 9 VO reglementiert in drei Absätzen die Eintragung einer SPE. Der erste Absatz legt das Register der Eintragung fest. Demnach wird eine SPE in das Register desjenigen Mitgliedsstaates eingetragen, in dem sie ihren Gesellschaftssitz hat. Diese Bestimmung stützt sich auf die primäre Gesellschaftsrechtsrichtlinie

---

[10] Urteil des Gerichtshofes vom 9. März 1999. - Centros Ltd gegen Erhvervs- og Selskabsstyrelsen. - Ersuchen um Vorabentscheidung: Højesteret - Dänemark. - Niederlassungsfreiheit - Errichtung einer Zweigniederlassung durch eine Gesellschaft ohne tatsächliche Geschäftstätigkeit - Umgehung des nationalen Rechts - Ablehnung der Eintragung. - Rechtssache C-212/97.
[11] Erste Richtlinie 68/151/EWG des Rates vom 9. März 1968 zur Koordinierung der Schutzbestimmungen, die in den Mitgliedstaaten den Gesellschaften im Sinne des Artikels 58 Absatz 2 des Vertrages im Interesse der Gesellschafter sowie Dritter vorgeschrieben sind, um diese Bestimmungen gleichwertig zu gestalten [Amtsblatt L 65 vom 14.3.1968], S. 6. f.

68/151/EWG.[12] Der zweite Absatz legt die Erlangung der Rechtspersönlichkeit der SPE fest, die mit dem Tage der Eintragung wirksam wird. Im dritten Absatz wird die Annahme der Unternehmensform SPE im Falle einer Verschmelzung oder Spaltung definiert. So wird die Unternehmensform SPE an den Tag rechtskräftig, an dem die Verschmelzung durch die aufnehmende Gesellschaft oder die Spaltung durch die übernehmende Gesellschaft in das Register eingetragen wurde.

2.3.6. Formalitäten für die Eintragung

In Art. 10 VO werden in sechs Absätzen die Formalitäten für die Eintragung einer SPE bestimmt. Art. 10 Abs. 1 VO beschreibt die Antragsstellung auf Eintragung, welche von den Gründungsgesellschaftern bzw. einer bevollmächtigten Person in schriftlicher oder elektronischer Form zu erfolgen hat.

In Art. 10 Abs. 2 VO werden Angaben und Dokumente definiert, die die Mitgliedsstaaten bei Antragsstellung auf Eintragung der SPE von den Gesellschaftern verlangen dürfen. Auf Verlangen müssen Angaben zum Unternehmensnamen der SPE sowie der postamtlichen Adresse des Gesellschaftssitzes gemacht werden. Weiterhin können Information zur Identifikation von Personen, die vertretungs-, führungs- und/ oder kontroll-/beaufsichtigungsberechtigt sind, verlangt werden. Angaben zum Gesellschaftskapital, den jeweiligen Anteilsklassen insbesondere der Zahl innerhalb der jeweiligen Anteilsklassen, dürfen erhoben werden. Des Weiteren kann die gesamte Anzahl der Anteile als auch deren jeweiliger rechnerischer Pariwert oder Nennwert der Anteile verlangt werden. Als Dokumente können sowohl die Satzung als auch Spaltungs- und Verschmelzungsbeschlüsse angefordert werden.

Der Art. 10 Abs. 3 VO definiert die Form der Dokumente und Angaben nach dem diese in der vorgeschriebenen Sprache, die das jeweilige anwendbare innerstaatliche Recht bestimmt, vorzulegen sind.

---

[12] Erste Richtlinie 68/151/EWG des Rates vom 9. März 1968 zur Koordinierung der Schutzbestimmungen, die in den Mitgliedstaaten den Gesellschaften im Sinne des Artikels 58 Absatz 2 des Vertrages im Interesse der Gesellschafter sowie Dritter vorgeschrieben sind, um diese Bestimmungen gleichwertig zu gestalten [Amtsblatt L 65 vom 14.3.1968], S. 8.

In Art. 10 Abs. 4 VO werden zwei Voraussetzungen zur Verifizierung der Rechtsgültigkeit der Angaben und Dokumente bestimmt. Zum einen die Überprüfung der Angaben und Dokumente der SPE mittels einer Verwaltungs- /Justizbehörde. Zum anderen die Beglaubigung der Angaben und Dokumente der SPE. Es darf nur eine der beiden Voraussetzungen bei Antragsstellung von den Gründungsgesellschaftern der SPE gefordert werden.

Der Art. 10 Abs. 5 VO reglementiert die Mitteilungspflichten bei Änderung der Angaben und Dokumente der SPE an das zuständige Register binnen 14 Kalendertagen. Satzungsänderungen haben in ungekürzter Fassung dem Register zugestellt zu werden.

Gemäß Art. 10 Abs. 6 VO wird die Pflicht zur Veröffentlichung der Eintragung der SPE festgelegt.

2.3.7. Publikationspflichten

Der Art. 11 VO statuiert die Publikationspflichten und entspricht der Umsetzung des Art. 3 der Richtlinie 68/151/EWG[13]. Demnach müssen Briefbögen, Bestellformulare und die Website einer SPE mindestens sowohl Angaben zum Register (Art. 9 VO) als auch die entsprechende Registernummer enthalten sowie den SPE-Namen, die postamtliche Adresse des Gesellschaftssitzes und ggf. einen Hinweis, wenn die Gesellschaft in Liquidation ist.

2.3.8. Haftung für Handlungen vor Eintragung einer SPE

Gemäß Art. 12 VO, der die Haftung für Handlungen vor Eintragung einer SPE definiert, kann die SPE für Handlungen in ihrem Namen, die vor der Eintragung ins Register stattfanden haften, sofern sie die Pflicht zur Haftung gegenüber Dritten übernimmt. Tut die SPE dies nicht, so haften die Personen, die die Handlung getätigt haben, gesamtschuldnerisch und in der Höhe unbegrenzt.

---

[13] Erste Richtlinie 68/151/EWG des Rates vom 9. März 1968 zur Koordinierung der Schutzbestimmungen, die in den Mitgliedstaaten den Gesellschaften im Sinne des Artikels 58 Absatz 2 des Vertrages im Interesse der Gesellschafter sowie Dritter vorgeschrieben sind, um diese Bestimmungen gleichwertig zu gestalten [Amtsblatt L 65 vom 14.3.1968], S. 6. f.

2.3.9. Zweigniederlassungen

Der Art. 13 VO handelt von den Zweigniederlassungen einer SPE, die stets dem anwendbaren innerstaatlichen Recht des jeweiligen Mitgliedsstaates unterliegen, in dem sich die Zweigniederlassung befindet. Dies umfasst auch die jeweiligen Verpflichtungen zur Umsetzung der Richtlinie 89/666/EWG des Rates.[14]

2.4. Anteile

Im Kapitel 2.4. werden die Artt. 14 bis 18 VO vorgestellt, die auf Anteile der SPE Anwendung finden. Die nachfolgenden Artt. bestimmen ebenfalls mögliche Anteilsübertragungen und definieren, wie das Anteilseignerverzeichnis zu führen ist. Weiterhin werden die Verfahren zum Ausschluss bzw. Ausscheiden eines Anteilseigners festgelegt.

2.4.1. Anteile

In Art. 14 VO werden in vier Absätzen die Reglementierungen zu den Anteilen der SPE bestimmt. Dem ersten Absatz nach werden im Verzeichnis der Anteilseigner die Anteile der SPE aufgelistet. Der zweite Absatz verlangt die Kategorisierung der Anteile mit denselben Rechten und Pflichten zu einer Kategorie.

Im dritten Absatz wird festgelegt, wie eine Satzungsänderung, die eine Änderung der Rechte innerhalb einer Anteilskategorie zur Folge hat, zu beschließen ist. So muss unter Vorbehalt des Art. 27 VO eine 2/3 Mehrheit der gesamten Stimmrechte aus dieser betroffenen Anteilskategorie dem Beschluss zustimmen. Der vierte Absatz bestimmt den Vertreter von SPE Anteilseigner-Gemeinschaften, wenn mehrere Personen im Besitz eines SPE-Anteils sind, so ist derjenige automatisch in der Vertretungsfunktion, dessen Name als Erstes für diesen Anteil im Anteilseigner-Verzeichnis genannt wird. Letzteres gilt, sofern nichts anderes schriftlich der SPE mitgeteilt wurde. Die Haftung einer solchen SPE Anteilseigner-Gemeinschaft erfolgt gesamtschuldnerisch.

---

[14] Elfte Richtlinie 89/666/EWG des Rates vom 21. Dezember 1989 über die Offenlegung von Zweigniederlassungen, die in einem Mitgliedstaat von Gesellschaften bestimmter Rechtsformen errichtet wurden, die dem Recht eines anderen Staates unterliegen, (veröffentlicht im ABl. L. 305 vom 30.12.1989), S. 36.

2.4.2. Verzeichnis der Anteilseigner

Der Art. 15 VO regelt in drei Absätzen das Verzeichnis der Anteilseigner. Im ersten Absatz wird die Pflicht über die Erstellung eines solchen Verzeichnisses dem Leitungsorgan der SPE auferlegt. Sieben Mindestangaben muss ein solches Verzeichnis enthalten. Die erste Angabe sind der Name und die Adresse eines jeden Anteilseigners. Zweitens die Anzahl der Anteile vom jeweiligen Anteilseigner sowie die Angabe des Nennwerts und rechnerischen Pariwertes. Sofern mehrere Personen einen Anteil besitzen, regelt die dritte Mindestangabe, dass alle Personen namentlich und mit ihrer Adresse angegeben werden sowie der gemeinsame Vertreter für diese Anteilseigner-Gemeinschaft. Die vierte Mindestangabe bezieht sich auf den Zeitpunkt an dem die Anteile erworben wurden. Fünftens müssen die Angaben zur Höhe der Bareinlage gemacht werden, die ein Anteilseigner gezahlt hat oder noch zu zahlen hat. Sofern statt einer Bareinlage eine Sacheinlage erfolgt, fordert die sechste Mindestangabe die Angabe über Art und Wert der jeweiligen Sacheinlage, die ein Anteilseigner bereits leistete oder noch leisten muss. Die siebte und letzte Mindestangabe bezieht sich auf die Datumsangabe, wenn ein Anteilseigner nicht mehr Eigner der SPE ist.

Der zweite Absatz verifiziert die im Verzeichnis gemachten Mindestangaben auf Echtheit und Rechtsgültigkeit. Im dritten Absatz wird die Pflicht bestimmt, dass das Leitungsorgan der SPE ein solches Verzeichnis aufbewahrt und es von Anteilseignern und/ oder Dritten nach Aufforderung überprüfen lässt.

2.4.3. Übertragung von Anteilen

Der Art. 16 VO bestimmt die Übertragung der Anteile nach fünf Absätzen. Gemäß Art. 16 Abs. 1 VO, müssen Beschlüsse über die Einführung/ Änderung von Beschränkungen und/ oder Verboten zur Übertragung von Anteilen einstimmig von allen betroffenen Anteilseignern akzeptiert werden.

Der Art. 16 Abs. 2 VO bestimmt die Notwendigkeit der Schriftform bei allen Vereinbarungen zur Übertragung von Anteilen. Gemäß Art. 16 Abs. 3 VO wird das Leitungsorgan der SPE verpflichtet, bei Übertragung von Anteilen umgehend die neuen Anteilseigner in das in Art. 15 VO genannte Anteilseigner-Verzeichnis, aufzunehmen. Voraussetzung ist hierfür jedoch, dass die Übertragung gemäß dieser VO und der Satzung der SPE erfolgt ist und der neue Anteilseigner nachweisen kann, dass er diesen Anteil rechtmäßig erworben hat. Der Art. 16 Abs. 4 VO definiert, wann eine Übertragung der Anteile wirksam erfolgt ist. So ist hinsichtlich der SPE die Wirksamkeit an dem Tage, an dem diese die Mitteilung zur Übertragung vom neuen Anteilseigner erhält. Hinsichtlich Dritten gilt die Wirksamkeit der Übertragung erst an dem Tag, an dem die Eintragung in das Anteilseigner-Verzeichnis erfolgt. Der Art. 16 Abs. 5 VO ist eine Schlussbestimmung, nach der eine Übertragung der Anteile nur dann rechtsgültig ist, wenn diese nicht der VO, der Satzung oder dem anwendbaren innerstaatlichem Recht zum Schutze von Personen entgegensteht.

2.4.4. Ausschluss eines Anteilseigners

Der Ausschluss eines Anteilseigners wird in Art. 17 VO durch drei Absätze bestimmt. Zunächst müssen, wie in Art. 17 Abs. 1 VO beschrieben, die Anteilseigner einen Beschluss fassen, damit die SPE sodann den Antrag, einen Anteilseigner auszuschließen, beim zuständigen Gericht stellen kann. Dieser Antrag muss innerhalb von 60 Tagen nach der Beschlussfassung dem Gericht vorliegen. Voraussetzung für einen Ausschluss ist, dass der auszuschließende Anteilseigner der SPE und/ oder deren Interessen schwer geschadet hat oder seine Anteilseigner-Eigenschaft der Geschäftstätigkeit der SPE nachteilig ist.

Während des Ausschlussverfahrens kann das Gericht gemäß Art. 17 Abs. 2 VO dieses Artikels die Stimmrechte des Anteilseigners bis zur endgültigen Gerichtsentscheidung aussetzen. Wird ein Ausschluss eines Anteilseigners gerichtlich durchgesetzt, so entscheidet dieses, gemäß Art. 17 Abs. 3 VO, ob seine Anteile durch die SPE und/ oder übrige Anteilseigner zu erwerben sind und zu welchem Kaufpreis.

2.4.5. Ausscheiden eines Anteilseigners

Das Ausscheiden eines Anteilseigners richtet sich nach Art. 18 VO, der das Ausscheiden in sechs Absätzen regelt. Gemäß Art. 18 Abs. 1 VO hat jeder Anteilseigner das Recht auszuscheiden, wenn der Gesellschaftssitz in einen anderen Mitgliedsstaat verlegt wird oder sich die Geschäftsbereiche grundlegend geändert haben. Weiterhin ist es erlaubt auszuscheiden, wenn der SPE ein nicht unerheblicher Anteil der Vermögenswerte vorenthalten werden oder eine Dividende über 36 Monate nicht ausgeschüttet wurde, obwohl es aus finanzieller Sicht vertretbar gewesen wäre.

Nach Art. 18 Abs. 2 VO ist der Anteilseigner verpflichtet, sein Ausscheiden in Schriftform und mit einem Grund mitzuteilen.

Der Art. 18 Abs. 3 VO verpflichtet das Leitungsorgan – wenn die schriftliche Mitteilung gemäß zweiten Punkt vorliegt – eine Beschlussfassung der Anteileigner zu beantragen, bezüglich der Frage, wer zukünftig die Anteile des Ausscheidenden übernehmen wird. Je nachdem was die Anteilseigner beschließen, können die Anteilseigner selbst als auch die SPE die Anteile übernehmen.

Der ausscheidende Anteilseigner erhält gemäß Art. 18 Abs. 4 VO eine Mitteilung darüber, ob die übrigen Anteilseigner die Ausscheidungsgründe akzeptieren und ob diese die Frist von 30 Kalendertagen zur Beschlussfassung über den Erwerb der Anteile des Ausscheidenden eingehalten haben.

Der Preis für diese Anteile wird gemäß Art. 18 Abs. 5 VO geregelt, sofern keine Einigung erfolgt. Demnach besteht die Möglichkeit, den Wert der Anteile von einem unabhängigen Sachverständigen bewerten zu lassen. Sofern auch durch einen Sachverständigen keine Einigung erzielt werden kann, so kann das zuständige Gericht/ die Verwaltungsbehörde einen Preis vorgeben, zudem die Anteile erworben werden müssen.

Nach Art. 18 Abs. 6 VO besteht auch die Möglichkeit, dass einer der Anteilseigner einen Antrag beim zuständigen Gericht stellt, festzustellen, dass ein Anteilseigner der SPE in seinen Interessen schwer geschädigt wurde. Wenn dies dem Gericht nachgewiesen werden kann, hat das Gericht die Möglichkeit, eine Übernahme der Anteile des geschädigten Anteilseigners anzuordnen. Hierbei kann festgelegt werden, dass entweder die SPE oder einer der übrigen Anteilseigner die Anteile erwerben muss, um somit dem geschädigten Anteilseigner ein Ausscheiden aus der SPE zu ermöglichen.

Die Frist für einen solchen gerichtlichen Antrag beträgt 60 Kalendertage ab Beschlussfassung der Anteilseigner gemäß dem dritten Punkt. Sofern kein Beschluss nach 30 Kalendertagen ab Mitteilung über das Ausscheiden eines Anteilseigners vorliegt, so kann ein gerichtlicher Antrag nach Ablauf der Frist innerhalb der nächsten 60 Kalendertage gestellt werden.

2.5. Kapital

In Kapitel 2.5. definieren die Artt. 19 bis 25 VO das Kapital der SPE. So wird sowohl die Höhe des Gesellschaftskapitals bestimmt als auch die Art der Einlage, die ein Gründungsgesellschafter zu leisten hat. Es werden außerdem Ausschüttungen, Kapitalherabsetzungen und die Art der Erstellung des Jahresabschlusses bestimmt.

2.5.1. Gesellschaftskapital

Das Gesellschaftskapital einer SPE wird in Art. 19 VO durch vier Kriterien bestimmt. Das erste Kriterium ist die Ausweisung des SPE-Kapitals in Euro salvo jure des Art. 42 VO. Zur Erfüllung des zweiten Kriteriums muss das Kapital vollständig gezeichnet werden. Eine vollständige Bezahlung der Anteile ist jedoch gemäß dem dritten Kriterium nicht notwendig. Als Mindestkapitaleinlage wird im vierten Kriterium diese auf die Höhe eines Euros festgesetzt. Diese niedrige Mindestkapitalanforderung erleichtert Neugründungen.[15] Dem Gläubigerschutz wird ein solches Mindestkapital nicht gerecht, jedoch reichen Eigentumsvorbehalte, persönliche Garantien und Cashflow-Nachweise als Gläubigerschutz in der Praxis oft aus.[16]

2.5.2. Für die Anteile zu entrichtendes Entgelt

Die Pflicht, für Anteile der SPE ein Entgelt zu entrichten, wird in Art. 20 VO durch drei Absätze definiert. Nach Art. 20 Abs. 1 VO müssen Anteilseigner gemäß der SPE-Satzung eine Einlage leisten. Je nach Vereinbarung hat dieses in bar oder als Sachwert zu erfolgen. Gemäß Art. 20 Abs. 2 VO können Anteilseigner von der Leistung des Entgelts nicht befreit werden, außer das Gesellschaftskapital würde herabgesetzt werden. Laut Art. 20 Abs. 3 VO greift das jeweils anwendbare innerstaatliche Recht ergänzend zu den vorherigen zwei Punkten.

2.5.3. Ausschüttungen

Ausschüttungen an die Anteilseigner erfolgen nach Art. 21 VO unter zwei Voraussetzungen. Gemäß Art. 21 Abs. 1 VO, der ersten Voraussetzung, darf das Leitungsorgan der SPE eine Ausschüttung vorschlagen. Rücklagen, die gemäß

---

[15] Vorschlag für eine Verordnung des Rates über das Statut der Europäischen Privatgesellschaft, S. 8.
[16] Vorschlag für eine Verordnung des Rates über das Statut der Europäischen Privatgesellschaft, S. 8.

Satzung nicht ausschüttungsfähig sind, dürfen nicht ausgeschüttet werden. Eine Ausschüttung darf nur erfolgen, wenn die Schulden der SPE nach Ausschüttung weiterhin durch die Vermögenswerte gedeckt sind, also keine Unterbilanz entsteht. Hierbei werden „Schulden" und „Vermögenswerte" gemäß den entsprechenden Vorschriften zur Rechnungslegung bestimmt.[17]

Nach Art. 21 Abs. 2 VO, der zweiten Voraussetzung, ist das Leitungsorgan der SPE – sofern dies die SPE-Satzung vorschreibt – zur Abgabe einer Solvenzbescheinigung vor Ausschüttung verpflichtet. Eine solche Bescheinigung bestätigt, dass die SPE im Stande sein wird, ihre anfallenden Verbindlichkeiten bei üblicher Geschäftstätigkeit zu begleichen. Weiterhin wird diese Solvenzbescheinigung „veröffentlicht" [18] und den Anteilseignern gemäß einem Beschluss nach Art. 27 VO zugestellt.

2.5.4. Rückforderung von Ausschüttungen

Bei Verletzung der in Art. 21 VO genannten Ausschüttungsvoraussetzungen darf die SPE die Ausschüttungen gemäß Art. 22 VO zurückverlangen. Allerdings muss die SPE nachweisen, dass die Anteilseigner Kenntnis hinsichtlich der Unvereinbarkeit mit Art. 21 VO hatten oder zumindest grob fahrlässig nicht hatten.

2.5.5. Eigene Anteile

Der Art. 23 VO nennt sieben Kriterien, wie die SPE mit ihren eigenen Anteilen umzugehen hat. Gemäß Art. 23 Abs. 1 VO, dem ersten Kriterium, darf die SPE die Zeichnung eigener Anteile weder indirekt noch direkt vornehmen.

Für den Erwerb eigener Anteile durch die SPE, regelt der Art. 23 Abs. 2 VO, das zweite Kriterium, dieselbe Geltung der Artt. 21 und 22 VO. Anteile, die die SPE selbst erwirbt, müssen vollständig bezahlt sein. Die SPE muss außerdem stets über einen „mindest-begebenen" Anteil verfügen.

---

[17] Vorschlag für eine Verordnung des Rates über das Statut der Europäischen Privatgesellschaft, S. 8f.

[18] Leider definiert der Vorschlag nicht weiter, wo die Solvenzbescheinigung veröffentlicht werden soll.

Anteile, die die SPE selbst besitzt sowie deren Stimmrechte und nicht geldliche Rechte werden gemäß Art. 23 Abs. 3 VO, dem dritten Kriterium, bei Beschlüssen ausgesetzt, solange die SPE die Eigentümerin der Anteile ist.

Das vierte Kriterium, der Art. 23 Abs. 4 VO, bestimmt die Herabsetzung des Gesellschaftskapitals, wenn die SPE ihre Anteile löscht.

Der Art. 23 Abs. 5 VO als fünftes Kriterium, sieht bei Verletzung der VO oder Satzung beim Anteilserwerb durch die SPE, einen Verkauf oder eine Löschung der erworbenen Anteile binnen einen Jahres.

Bei solchen Löschungen der Anteile unterliegen diese dem Art. 23 Abs. 6 VO, unter Vorbehalt des Art. 23 Abs. 5 VO und der Satzung, dem anwendbaren innerstaatlichen Recht.

Der Art. 23 Abs. 7 VO, als siebtes Kriterium, regelt die Anwendung dieses Artikels auch für Fälle, in denen die Anteile von anderen Personen für die SPE erworben wurden.

2.5.6. Kapitalherabsetzung

Art. 24 VO regelt die Kapitalherabsetzung in sieben Absätzen. Der Art. 24 Abs. 1 VO regelt die Geltung der Artt. 21 und 22 VO bei Herabsetzung des Gesellschaftskapitals. Danach dürfen Ausschüttungen nur erfolgen, wenn sie im Einklang mit den in Art. 21 VO genannten Voraussetzungen stehen. Stehen diese nicht im Einklang mit Art. 21 VO, so dürfen getätigte Ausschüttungen gemäß des Art. 22 VO zurückgefordert werden.

Nach dem Art. 24 Abs. 2 VO beschließen und veröffentlichen die Anteilseigner die Herabsetzung des Gesellschaftskapitals. Daraufhin können die Gläubiger eine gerichtliche Anordnung binnen 30 Kalendertagen nach Beschlussveröffentlichung beantragen. Eine solche Anordnung verpflichtet die SPE, Sicherheiten zu „liefern"[19]. Voraussetzung ist jedoch, dass der Gläubiger die Forderung bereits vor der

---

[19] Gemeint ist hier wohl Sicherheiten zu „stellen".

Beschlussveröffentlichung hatte. Gemäß dem Art. 24 Abs. 3 VO muss der Gläubiger für eine gerichtliche Anordnung nachweisen, dass ihm ein Ausfall seiner Forderung droht und seitens der SPE bisher keine entsprechenden Sicherheiten gestellt wurden. Erst mit einem solchen Nachweis kann das Gericht die SPE anweisen, dem Gläubiger Sicherheiten zu stellen.

Art. 24 Abs. 4 VO benennt für die Wirksamkeit einer Kapitalherabsetzung drei Kriterien. Gemäß dem ersten Kriterium wird eine Kapitalherabsetzung mit Beschlussfassung wirksam, sofern die SPE zu diesem Zeitpunkt keine Gläubiger hat.

Laut dem zweiten Kriterium wird eine Kapitalherabsetzung beim Vorhandensein von Gläubigern erst dann wirksam, wenn diese die Frist von 30 Kalendertagen zur gerichtlichen Antragsstellung nicht genutzt haben. Binnen dieser Frist müssen die Gläubiger einen Antrag stellen, dass die SPE ihnen ausreichend Sicherheiten für ihre Forderungen stellen muss. Verstreicht die Frist ungenutzt, so wird die Herabsetzung am 31. Kalendertage nach Beschlussfassung wirksam.

Das dritte Kriterium gilt für den Fall, dass Gläubiger zum Zeitpunkt der Beschlussfassung vorhanden sind und diese fristgerecht einen gerichtlichen Antrag stellen, dass die SPE den Gläubigern Sicherheiten stellt. In diesem Falle gilt eine Kapitalherabsetzung erst, wenn das Gericht bekannt gibt, dass die SPE keine Sicherheiten liefern muss. Entscheidet das Gericht allerdings nicht zu Gunsten der SPE, so wird eine Kapitalherabsetzung an dem Tag wirksam, an dem die SPE die gerichtliche Anordnung erfüllt hat.

Gemäß Art. 24 Abs. 5 VO darf der Betrag, der bei einer Kapitalherabsetzung dem Verlustausgleich dient, nicht ausgeschüttet werden.

Kapitalherabsetzungen müssen nach dem Art. 24 Abs. 6 VO veröffentlicht werden.

Der Art. 24 Abs. 7 VO bestimmt die Verpflichtung, bei einer Kapitalherabsetzung die Anteilseigner bezüglich ihrer Höhe der Beteiligung, allesamt gleich zu behandeln.

2.5.7. Abschlüsse

Art. 25 VO regelt die Erstellung von Abschlüssen nach zwei Voraussetzungen. Zum besseren Verständnis sollte hier die Verwendung des Begriffs „Jahresabschluss" an Stelle des Begriffs „Abschluss" erfolgen.

Die Erstellung eines solchen Abschlusses erfolgt gemäß dem anwendbaren innerstaatlichen Recht und ist die erste Voraussetzung. Selbe Rechte betreffen auch die Abschlussprüfung, -vorlage, und –veröffentlichung des Berichts. Das anwendbare innerstaatliche Recht erstreckt sich auch auf die Buchführungspflichten der SPE, für deren Erfüllung das Leitungsorgan der SPE verantwortlich ist.

2.6. Organisation der SPE

Das Kapitel 2.6. bestimmt mit den Artt. 26 bis 33 VO die Organisation der SPE. In diesem Kapitel werden die Anforderungen an eine Unternehmensleitung sowie deren Pflichten bestimmt. Zudem wird die Befugnis zur Außenvertretung definiert und die Rechte Anteilseigner z.B. bei Anteilseignerbeschlüssen hinsichtlich formaler und inhaltlicher Anforderungen festgelegt.

2.6.1. Allgemeine Bestimmungen

Allgemeine Bestimmungen, die Organisation der SPE betreffend, werden in Art. 26 VO durch zwei Absätze geregelt. Der Art. 26 Abs. 1 VO bestimmt das Vorhandensein eines Leitungsorgans innerhalb der SPE, welches zur SPE-Leitung und Vertretung befugt ist. Die Verantwortung gilt für alle Bereiche der SPE mit Ausnahme derer, die durch die VO oder Satzung anderen zugesprochen werden. Nach dem Art. 26 Abs. 2 VO bestimmen die Anteilseigner die SPE-Organisation unbeschadet dieser VO.

2.6.2. Beschlüsse der Anteilseigner

Beschlüsse der Anteilseigner werden in Art. 27 VO in sieben Absätzen beschrieben. Der Art. 27 Abs. 1 VO nennt 16 mögliche Fragen, von denen sieben durch einen Anteilseignerbeschluss mit einfacher Mehrheit beantwortet/ geändert werden können. Es handelt sich hierbei um Fragen, zur Genehmigung des

Jahresabschlusses, mögliche Anteilseigner-Ausschüttungen oder der Rückkauf bzw. Erwerb von Anteilen. Weitere Fragen sind die Erhöhung des Gesellschaftkapitals oder der Eintritt bzw. das Ausscheiden von Mitgliedern des Leitungsorgans sowie die Bestellung/ Entlassung des jährlichen Abschlussprüfers.

Die restlichen neun Fragen bedürfen gemäß dem Art. 27 Abs. 2 VO zur Beschlussfassung durch die Anteilseigner einer qualifizierten Mehrheit. Eine qualifizierte Mehrheit beträgt zwei Drittel der gesamten Stimmrechte. Solch eine ist notwendig, bei Fragen zum Ausschluss/ Ausscheiden eines Anteilseigners, der Änderung von Anteilsrechten oder die Herabsetzung des Gesellschaftskapitals.

Sofern der Hauptsitz in einen anderen Mitgliedsstaat verlegt werden soll, bedarf dies ebenfalls eines Anteilseignerbeschlusses mit qualifizierter Mehrheit. Eine solche Mehrheit wird auch bei Entscheidungen zur Verschmelzung, Spaltung, Auflösung oder Umwandlung der SPE gefordert. Zuletzt bedarf es bei der Änderung des vorangegangenen Fragenkatalogs eines Anteilseignerbeschlusses mit qualifizierter Mehrheit.

Der Art. 27 Abs. 3 VO ermöglicht die Annahme der Anteilseignerbeschlüsse in Schriftform, sodass keine Hauptversammlung zur Beschlussfassung einberufen werden muss. Voraussetzung ist jedoch, dass die SPE Leitung allen Anteilseignern die Beschlussvorlagen samt ausreichend Informationen zukommen lässt. Beschlüsse sind zudem schriftlich festzuhalten und in Kopie den Anteilseigner zukommen zu lassen.

Nach dem Art. 27 Abs. 4 VO müssen die Anteilseignerbeschlüsse stets im Einklang mit der VO und SPE-Satzung stehen. Beschlussanfechtungen durch Anteilseigner werden durch das jeweils anwendbare innerstaatliche Recht geregelt.

Sollte die SPE nur einen Anteilseigner haben, so ist dieser gemäß dem Art. 27 Abs. 5 VO, zur Wahrnehmung der Rechte und der Pflichten eines Anteilseigners gemäß der VO und SPE-Satzung verpflichtet.

Der Art. 27 Abs. 6 VO verpflichtet zur Bekanntmachung der Beschlussfassungen zu Fragen des ersten Verfahrensschrittes.

Beschlüsse können nach dem Art. 27 Abs. 7 VO ab dem Tag der Beschlussannahme, von den Anteilseignern, der Leitung und dem Aufsichtsorgan, verwendet werden. Hinsichtlich Dritter erfolgt die Verwendung mit Umsetzung des Art. 3 Abs.5, 6 und 7 der Richtlinie 68/151/EWG[20].

2.6.3. Informationsrechte der Anteilseigner

Die Informationsrechte der Anteilseigner werden in Art. 28 VO durch zwei Absätze festgelegt. Nach Art. 28 Abs. 1 VO haben Anteilseigner das Recht vorschriftsmäßig Informationen hinsichtlich der Beschlüsse, Jahresabschlüsse und weiteren Angelegenheit resultierend aus der Geschäftstätigkeit zu erhalten. Hierbei sind Anteilseigner auch befugt, der Leitung der SPE entsprechende Fragen zu stellen.

Ist die Herausgabe von Informationen zu den vorangegangen Themen aus Sicht der Leitung mit großer Wahrscheinlichkeit für die Geschäftsinteressen der SPE nachteilig, so kann die Leitung die Herausgabe gemäß dem Art. 28 Abs. 2 VO verweigern.

2.6.4. Recht auf Beantragung eines Beschluss und auf Bestellung eines unabhängigen Sachverständigen

Der Art. 29 VO behandelt zwei Rechte der Anteilseigner, die mehr als 5 % der SPE-Stimmrechtsanteile besitzen. Das erste Recht gemäß Art. 29 Abs. 1 VO, sieht eine Beantragung einer Beschlussvorlage bei der SPE-Leitung vor. Ein solcher Antrag muss stets sowohl einen Beschlussgrund, als auch die zu bearbeitenden Fragen beinhalten. Sofern die SPE-Leitung binnen 14 Kalendertagen nach Antragsstellung keine Beschlussvorlage vorlegt oder den Antrag ablehnt, können die antragsstellenden Anteilseigner eine Beschlussvorlage eigenmächtig erstellen und den anderen Anteilseignern vorlegen.

Gemäß Art. 29 Abs. 2 VO besteht das zweite Recht der Anteilseigner, mit mehr als 5% der SPE-Stimmrechtsanteile, in der Beantragung eines unabhängigen

---

[20] Erste Richtlinie 68/151/EWG des Rates vom 9. März 1968 zur Koordinierung der Schutzbestimmungen, die in den Mitgliedstaaten den Gesellschaften im Sinne des Artikels 58 Absatz 2 des Vertrages im Interesse der Gesellschafter sowie Dritter vorgeschrieben sind, um diese Bestimmungen gleichwertig zu gestalten [Amtsblatt L 65 vom 14.3.1968], S. 6. f.

Sachverständigen der durch das zuständige Gericht/ Verwaltungsbehörde bestellt wird. Eine solche Maßnahme darf jedoch nur im Verdachtsfall bzw. eines vorliegenden Verstoßes gegen die anwendbaren innerstaatlichen Rechtsvorschriften oder die SPE-Satzung erfolgen. Gemäß dieser VO darf ein solcher Sachverständiger Informationen durch die Leitung bzw. SPE-Unterlagen anfordern. Die Ergebnisse des unabhängigen Sachverständigen werden dem antragsstellenden Anteilseigner mitgeteilt.

Die beiden vorangegangenen Rechte griffen ab einem Stimmrechtsanteil in Höhe von 5%. Gemäß den freien Gestaltungsmöglichkeiten der SPE-Satzung kann der Stimmrechtsanteil in der Satzung nach Art. 29 Abs. 3 VO, frei bestimmt werden. Weiterhin besteht die Möglichkeit die beiden Rechte auch Anteilseignern zuzusprechen, die weniger Prozent der Stimmrechtsanteile besitzen, die nach der Satzung für die Ausübung der beiden Rechte notwendig wären.

2.6.5. Mitglieder der Unternehmensleitung

In Art. 30 VO werden vier Voraussetzungen definiert, die eine Person, um Mitglied der Unternehmensleitung zu werden, erfüllen muss. Die erste Voraussetzung nach Art. 30 Abs. 1 VO ist, dass ein Mitglied der SPE-Leitung eine natürliche Person sein muss. Als zweite Voraussetzung gemäß Art. 30 Abs. 2 VO wird die Wahrnehmung der Verantwortung sowie die Erfüllung der Pflichten bezeichnet, die ein Mitglied zu erfüllen hat, wenn es inoffiziell als Leitung der SPE agiert. Ein solches Mitglied wird dann wie ein ordentlich bestelltes angesehen und behandelt.

Die dritte Voraussetzung gemäß Art. 30 Abs. 3 VO bestimmt die Eignung eines Mitgliedes zur Unternehmensleitung der SPE. Als nicht geeignet werden Mitglieder angesehen, die nach den anwendbaren innerstaatlichen Rechtsvorschriften durch ein Gerichtsurteil für die Ausübung eines solchen Mandats als nicht geeignet erklärt wurden. Folglich dürfen diese nicht in der Unternehmensleitung tätig sein. Gemäß dem Art. 30 Abs. 4 VO, der vierten Voraussetzung, ist das jeweils anwendbare innerstaatliche Recht zur Feststellung der mangelnden Eignung anzuwenden.

2.6.6. Allgemeine Pflichten und allgemeine Verantwortung von Mitgliedern der Unternehmensleitung

Der Art. 31 VO bestimmt in fünf Absätzen die allgemeinen Pflichten sowie die allgemeine Verantwortung eines Mitglieds der Unternehmensleitung. Der Art. 31 Abs. 1 VO verpflichtet die Mitglieder, ihre Handlungen stets im optimalen Interesse der SPE auszuführen. Handlungen haben mit der notwendigen Sorgfalt und Eignung zu erfolgen. Nach dem Art. 31 Abs. 2 VO sind die Mitglieder der SPE-Leitung gegenüber der SPE verpflichtet ihre Aufgaben als Unternehmensleitung wahrzunehmen.

Der Art. 31 Abs. 3 VO bestimmt die Verpflichtung der unternehmensleitenden Mitglieder, alle Situationen, die zu einem Interessenskonflikt zwischen SPE-Interessen und persönlichen führen könnten, zu vermeiden. Weiterhin sind sie zur Vermeidung von Konflikten, im Rahmen der Außenvertretung der SPE, mit Dritten verpflichtet.

Gemäß Art. 31 Abs. 4 VO haften Mitglieder der SPE-Leitung bei nachweislicher Pflichtverletzung nach Maßgabe der VO, der Satzung oder der Anteilseignerbeschlüsse. Sofern es sich um mehrere pflichtverletzende Mitglieder handelt, so haften diese gesamtschuldnerisch für Schäden oder Verluste der SPE infolge einer solchen Pflichtverletzung.

Laut Art. 31 Abs. 5 VO bemisst sich die Haftung der unternehmensleitenden Mitglieder nach dem anwendbaren innerstaatlichen Recht unter Vorbehalt dieser VO.

2.6.7. Geschäfte mit nahe stehenden Unternehmen und Personen

Nach Maßgabe des Art. 32 VO fallen Geschäftstätigkeiten mit nahe stehenden Personen bzw. Unternehmen unter das jeweils anwendbare innerstaatliche Recht, welches die Richtlinien 78/660/EWG[21] sowie 83/349/EWG[22] des Rates umsetzt.

---

[21] Vierte Richtlinie 78/660/EWG des Rates vom 25. Juli 1978 aufgrund von Artikel 54 Absatz 3 Buchstabe g) des Vertrages über den Jahresabschluß von Gesellschaften bestimmter Rechtsformen (ABl. L 222 vom 14.8.1978), S. 11.
[22] Siebente Richtlinie 83/349/EWG des Rates vom 13. Juni 1983 aufgrund von Artikel 54 Absatz 3 Buchstabe g) des Vertrages über den konsolidierten Abschluß (veröffentlicht im ABl. L 193 vom 18.7.1983), S. 1.

2.6.8. Vertretung der SPE gegenüber Dritten

Die Außenvertretung der SPE gegenüber Dritten erfolgt gemäß drei Merkmalen des Art. 33 VO. Das erste Merkmal ist die Außenvertretung der SPE, die durch ein oder mehrere Mitglieder erfolgt. Handlungen im Rahmen dieser Außenvertretung sind für die SPE bindend, selbst wenn diese nicht zur gewöhnlichen Geschäftstätigkeit der SPE gehören. Das zweite Merkmal betrifft die mögliche Einschränkung der Einzelvertretung der SPE durch die Satzung. So kann die Satzung eine Gesamtvertretung vorschreiben. Weitere Vertretungsbeschlüsse der unternehmensleitenden Mitglieder durch Satzung, Anteilseignerbeschlüsse oder Leitungs- bzw. Aufsichtsorganentscheidungen können vor Dritten nicht geltend gemacht werden. Dies gilt auch dann, wenn die weiteren Befugnis-Beschränkungen bekannt gemacht wurden. Nach dem dritten Merkmal können die unternehmensleitenden Mitglieder gemäß der Satzung die Vertretungsbefugnis anderen Arbeitnehmern der SPE übertragen.

2.7. Arbeitnehmermitbestimmung

Das gesamte Kapitel der Arbeitnehmermitbestimmung wird in der VO mit nur einem Artikel geregelt. Es handelt sich um Art. 34 VO, der in drei Absätzen die Allgemeinen Bestimmungen der Arbeitnehmermitbestimmung statuiert. Vorab muss erwähnt werden, dass eine Mitbestimmung durch die Arbeitnehmer in KMU bisher lediglich in den Mitgliedsstaaten Dänemark und Schweden, angewandt wird.[23]

Gemäß Art. 34 Abs. 1 VO unterliegt die SPE hinsichtlich der Arbeitnehmermitbestimmung, sofern existent, dem jeweils anwendbaren innerstaatlichen Recht. Es wird stets das Recht eines Mitgliedsstaates angewandt, in dem die SPE ihren Gesellschaftssitz hat. Sofern der Gesellschaftssitz verlegt wird, besagt der Art. 34 Abs. 2 VO, dass der noch folgende Art. 38 VO greift.

Die Verschmelzung zweier SPEs wird im Art. 34 Abs. 3 VO geregelt. Demnach gelten die jeweiligen Arbeitnehmermitbestimmungen desjenigen Mitgliedsstaates, die gemäß der Umsetzung der Richtlinie 2005/56/EG [24] (Verschmelzung von

---

[23] Vorschlag für eine Verordnung des Rates über das Statut der Europäischen Privatgesellschaft, S. 10.

[24] RICHTLINIE 2005/56/EG DES EUROPÄISCHEN PARLAMENTS UND DES RATES vom 26. Oktober 2005 über die Verschmelzung von Kapitalgesellschaften aus verschiedenen Mitgliedstaaten (veröffentlicht im ABl. L310 vom 25.11.2005), S. 1.

Kapitalgesellschaften) zu beachten sind, in dem die SPE ihren Gesellschaftssitz nach der Verschmelzung hat.

2.8. Verlegung des eingetragenen Sitzes der SPE

Das Kapitel 2.8. beschreibt in den Artt. 35 bis 38 VO die Sitzverlegung einer SPE. Es werden insbesondere die allgemeinen Voraussetzungen für eine Sitzverlegung bestimmt und das Verlegungsverfahren festgelegt. Weiterhin werden die Arbeitnehmermitbestimmungen im Falle einer Sitzverlegung in einen anderen Mitgliedsstaat definiert und die dazugehörigen Voraussetzungen für eine solche Mitbestimmung festgelegt.

2.8.1. Allgemeine Bestimmungen

Der Art. 35 VO statuiert in vier Absätzen die Allgemeinen Bestimmungen, die bei einer Verlegung des SPE-Gesellschaftssitzes zu beachten sind.

Dem Art. 35 Abs. 1 VO nach kann eine Verlegung des Sitzes grundsätzlich erfolgen, wenn sie mit diesem Kapitel in Einklang steht. Bei einer Verlegung des Gesellschaftssitzes wird die Rechtspersönlichkeit der SPE weder unterbrochen noch geht sie verloren. Die SPE wird bei einer Verlegung auch nicht zeitweise liquidiert, sondern bleibt bestehen. Dadurch, dass die Rechtspersönlichkeit bei einer Verlegung des eingetragenen Sitzes nicht unterbrochen wird, ist SPE auch mit neuem Gesellschaftssitz für bestehende Verbindlichkeiten verantwortlich.

Gemäß dem Art. 35 Abs. 2 VO gestattet die VO keine Verlegung des Gesellschaftssitzes, wenn gegen die SPE ein Auflösungs-, Liquidations-, Insolvenz- oder ein ähnliches Verfahren läuft. Diese Einschränkung dient dem Gläubigerschutz, also den Interessen Dritter.[25]

Der Art. 35 Abs. 3 VO bestimmt, ab welchem Zeitpunkt eine Verlegung des SPE-Sitzes wirksam ist. Die Rechtsgültigkeit erfolgt mit Eintragung in das Register des jeweiligen Mitgliedsstaates. Von da an gelten die Vorschriften gemäß des „anwendbaren Rechts", welches das Gemeinschaftsrecht umsetzen soll. Weiterhin gelten erneut die auf die SPE anwendbaren Bestimmungen gemäß dem Art. 4 VO.

---

[25] Vorschlag für eine Verordnung des Rates über das Statut der Europäischen Privatgesellschaft, S. 10.

Nach Maßgabe des Art. 35 Abs. 4 VO wird im Falle eines bereits vor Verlegung eröffneten Gerichts- bzw. Verwaltungsverfahrens die SPE so gestellt, als habe sie ihren Sitz noch im alten Herkunftsmitgliedsstaat. Dies, obwohl die Registrierung bereits rechtsgültig im neuen Mitgliedsstaat eingetragen wurde.

2.8.2. Verlegungsverfahren

Ein solches Verlegungsverfahren wird in Art. 36 VO in sechs Absätzen bestimmt. Der Art. 36 Abs. 1 VO stellt die Ausarbeitung eines Verlegungsvorschlags durch die SPE-Leitung dar. Ein solcher Vorschlag muss sieben Mindestinformationen enthalten, nämlich als erstes die jetzigen Angaben zum Gesellschaftssitz der SPE im aktuellen Mitgliedsstaat. Zweitens die zukünftigen Angaben des neuen Gesellschaftsitzes der SPE im zukünftigen Mitgliedsstaat. Eine solche Verlegung erfordert nach der dritten Mindestangabe, die Satzungsänderung, welche durch einen Vorschlag vorgetragen wird. Zur Erfüllung der vierten Mindestvoraussetzung erstellt die Leitung einen Verlegungs-Zeitplan. Nach der fünften Mindestvoraussetzung schlägt die Leitung einen Termin vor, ab welchem die Geschäftstätigkeiten der SPE offiziell erfolgen. Dieser Termin dient der Rechnungslegung im Aufnahmestaat. Die sechste Mindestvoraussetzung enthält die Darlegung möglicher Folgen für Arbeitnehmer sowie die Auswirkungen der möglichen Verlegung. Laut der siebten Mindestvoraussetzung ist diese, als eine Art „Kann-Voraussetzung" einzustufen, nach der die Leitung bei Bedarf weitere Informationen hinsichtlich der Verlegung in den Verlegungsvorschlag integrieren kann.

Der Art. 36 Abs. 2 VO bestimmt in zwei Buchstaben, wann die Bekanntmachung des Verlegungsvorschlags zu erfolgen hat. Die Bekanntmachung durch das Leitungsorgan der SPE muss mindestens einen Monat vor der in Abs. 4 angeführten Beschlussfassung der Anteilseigner erfolgen. Der Art. 36 Abs. 2 lit. (a) VO bestimmt den Personenkreis, dem ein solcher Verlegungsvorschlag zur Prüfung vorzulegen ist. Es handelt sich hierbei um die Arbeitnehmer bzw. die Arbeitnehmervertreter und um die Gläubiger bzw. die Anteilseigner. Der Art. 36 Abs. 2 lit. (b) VO bestimmt die Pflicht, Verlegungsvorschläge bekannt zu machen.

Nach Maßgabe des Art. 36 Abs. 3 VO wird zum Verlegungsvorschlag ein Bericht durch das Leitungsorgan der SPE erstellt. Die Erstellung eines solchen Berichts erfolgt unter Betrachtung der rechtlichen und wirtschaftlichen Faktoren. Ziel dieses Berichts ist sowohl die Erläuterung und Begründung des Verlegungsvorschlags, als auch die Darlegung der Auswirkungen aufgrund der Verlegung. Bei den Auswirkungen ist insbesondere auf Anteilseigner, Gläubiger und Arbeitnehmer einzugehen. Der fertige Bericht wird samt Verlegungsvorschlag den Arbeitnehmern bzw. den Arbeitnehmervertretern und den Anteilseigner vorgelegt. Sobald das Leitungsorgan der SPE Kenntnis über die Haltung der Arbeitnehmervertreter hinsichtlich der Verlegung erlangt, hat es die Anteilseigner darüber zu informieren.

Im Art. 36 Abs. 4 VO wird festgelegt, dass ein Verlegungsvorschlag gemäß Satzungsbestimmungen durch die Anteilseigner zu genehmigen ist. Dies ist der Fall, weil ein solcher Vorschlag eine Satzungsänderung zur Folge hat, dem die Anteilseigner zustimmen müssen.

Der Art. 36 Abs. 5 VO gestattet den Anteilseignern, die Realisierung der Verlegung an Vereinbarungen zur Arbeitnehmermitbestimmung im neuen Mitgliedsstaat, zu binden. Die Voraussetzung ist hierfür allerdings, dass eine Art von Arbeitnehmermitbestimmung vor Sitzverlegung bereits praktiziert wird. Weiterhin muss die Arbeitnehmermitbestimmung durch eine Verlegung in einen anderen Mitgliedsstaat, aufgrund des jeweils anwendbaren innerstaatlichen Rechts verringert werden bzw. die Ausübung nicht dezidiert werden.[26]

Nach Maßgabe des Art. 36 Abs. 6 VO fallen die Rechtsvorschriften zum Schutze von SPE-Gläubigern und Minderheitsanteilseignern, die gegen eine Verlegung opponieren, unter das jeweils anwendbare innerstaatliche Recht des Herkunftsmitgliedslands.

2.8.3. Überprüfung der Wirksamkeit der Verlegung

Der Art. 37 VO beschreibt in sieben Absätzen die Verfahrensschritte zur Prüfung, ob eine Sitzverlegung wirksam ist. Gemäß dem Art. 37 Abs. 1 VO muss jedes Mitgliedsland eine zuständige Behörde angeben, die überprüft, ob eine Verlegung

---

[26] Vorschlag für eine Verordnung des Rates über das Statut der Europäischen Privatgesellschaft, S. 11.

rechtsgültig erfolgte. Die Rechtsgültigkeit wird anhand der Einhaltung des Verlegungsverfahrens, wie es in Art. 36 VO vorgegeben ist, überprüft.

Der Art. 37 Abs. 2 VO als Verfahrensschritt ist die unverzügliche Überprüfung der Rechtsgültigkeit gemäß Art. 36 VO durch die zuständige Behörde aus dem Herkunftsmitgliedsland. Stellt die Behörde die Konformität der Verlegung mit dem vorgegeben Verlegungsverfahren fest, stellt diese der SPE eine Bescheinigung aus. Diese Bescheinigung bestätigt, dass im Verlegungsverfahren alle notwendigen Vorschriften des Herkunftsmitgliedslands befolgt wurden.

Gemäß dem Art. 37 Abs. 3 VO muss die SPE im nächsten Verfahrensschritt, die in Abs. 2 bereits erwähnte Bescheinigung, innerhalb eines Monats der verantwortlichen Behörde im Aufnahmestaat vorgelegen. Die Vorlage dieser Bescheinigung erfolgt mit zwei weiteren Dokumenten. Zum einen den durch die Anteilseigner genehmigten Satzungsvorschlag für die neue Satzung der SPE im Aufnahmemitgliedsland, zum anderen den durch die Anteilseigner genehmigten Verlegungsvorschlag in der jeweils genehmigten Fassung. Die im Abs. 3 genannten Unterlagen „sollen"[27] zur Registereintragung der SPE im Aufnahmemitgliedsland ausreichend sein.

Dem Art. 37 Abs. 4 VO nach, werden die in Abs. 3 benannten Unterlagen von der zuständigen Behörde des Aufnahmemitgliedslands geprüft. Die Überprüfung erfolgt nach Erhalt der Unterlagen innerhalb von 14 Kalendertagen. Bei der Überprüfung wird kontrolliert, ob alle inhaltlichen Bedingungen und Formalitäten zur Sitzverlegung eingehalten wurden. Stellt die Behörde fest, dass die Sitzverlegung der SPE allen Erfordernissen entspricht, so trifft sie alle notwendigen Maßnahmen, um die SPE einzutragen.

Nach Maßgabe des Art. 37 Abs. 5 VO ist die zuständige Behörde des Aufnahmemitgliedslands im Stande, die Eintragung der SPE zu verweigern. Voraussetzung hierfür ist allerdings, dass die SPE nicht alle inhaltlichen Bedingungen oder Formalitäten gemäß diesem Kapitel erfüllt. Erst mit Erfüllung aller inhaltlichen Bedingungen und Formalitäten dieses Kapitels wird die SPE im Aufnahmemitgliedsland eingetragen.

---

[27] Leider verzichtet der Vorschlag hier auf eine nähere Festlegung der notwendigen Unterlagen.

Der Art. 37 Abs. 6 VO bestimmt das Verfahren der Löschung der SPE aus dem Register des Herkunftsmitgliedsstaats. Danach verwendet die zuständige Behörde des Aufnahmemitgliedslands ein Meldeformular. Mit diesem Meldeformular meldet die im Aufnahmemitgliedsland zuständige Behörde der zuständigen Behörde im Herkunftsmitgliedsstaat, dass die SPE im Aufnahmemitgliedsland eingetragen wurde und daher im Register des Herkunftsmitgliedslands gestrichen werden kann. Die Streichung der SPE aus dem Register des Herkunftslands hat unverzüglich nach Erhalt der Meldung zu erfolgen.

Der Art. 37 Abs. 7 VO als Verfahrensschritt schreibt die Bekanntmachung der Eintragung ins Register des Aufnahmemitgliedslands vor. Ebenso muss die Streichung aus dem Herkunftslandregister bekannt gemacht werden.

2.8.4. Vereinbarungen über die Mitbestimmung von Arbeitnehmern

Der Art. 38 VO bestimmt in sechs Absätzen die Vereinbarungen über die Mitbestimmung von Arbeitnehmern.

Nach Maßgabe des Art. 38 Abs. 1 VO gelten ab dem Zeitpunkt der Eintragung in das Register des Aufnahmemitgliedslands, die jeweiligen Bestimmungen des Aufnahmemitgliedslands hinsichtlich der Vereinbarungen über die Mitbestimmung von Arbeitnehmern.

Gemäß Art. 38 Abs. 2 VO greift der Abs. 1 unter bestimmten Bedingungen nicht, wenn z.B. die Anzahl der SPE-Arbeitnehmer aus dem Herkunftsmitgliedsland mindestens zu einem Drittel der Gesamtarbeitnehmer-Anzahl entspricht – hierbei zählen auch die Arbeitnehmer der Tochtergesellschaften bzw. Zweigniederlassungen der SPE innerhalb der Union - und eine der nachfolgenden zwei Voraussetzungen zutrifft.

Die erste Voraussetzung nach Art. 38 Abs. 2 lit. (a) VO ist, dass das anwendbare innerstaatliche Recht im Aufnahmemitgliedsland im Vergleich zum Herkunftsmitgliedsland ein geringeres Maß an Arbeitnehmermitbestimmung bzw. gar keine Arbeitnehmermitbestimmung zu lässt. Sofern eine Arbeitnehmervertretung existiert, wird anhand des Anteils der Arbeitnehmervertreter innerhalb der Mitglieder des Aufsichts- bzw. Verwaltungsorgans, das Maß an Arbeitnehmermitbestimmung errechnet. Hierbei werden auch die jeweiligen Ausschüsse der Aufsichts- und Verwaltungsorgane berücksichtigt bzw. anhand der Leitung derjenigen Gruppe bemessen, die innerhalb der SPE, die Gewinn erwirtschafteten Einheiten darstellen.

Nach der zweiten Voraussetzung, dem Art. 38 Abs. 2 lit. (b) VO, muss sich das Maß der Arbeitnehmermitbestimmung, durch die Anwendung des neuen anwendbaren innerstaatlichen Rechts im Aufnahmemitgliedsstaat, in den Tochtergesellschaften der SPE verringern.

Trifft eine der in Abs. 2 genannten Voraussetzungen zu, so ist die SPE-Leitung gemäß dem Art. 38 Abs. 3 VO verpflichtet, Verhandlungen über die Arbeitnehmermitbestimmung im neuen Aufnahmemitgliedsland mit den Arbeitnehmervertretern aufzunehmen. Diese Verhandlungen erfolgen, so bald wie möglich, nach Bekanntgabe des Verlegungsvorschlags. Sie haben zum Ziel eine Vereinbarung über die Modalitäten der Arbeitnehmermitbestimmung zu erreichen.

Der Art. 38 Abs. 4 VO bestimmt in drei Buchstaben die notwendigen Angaben, die innerhalb der erzielten Vereinbarung zwischen der SPE-Leitung und den Arbeitnehmervertretern gemacht werden müssen.

Laut dem Art. 38 Abs. 4 lit. (a) VO muss in der Vereinbarung ein definierter Geltungsbereich angegeben sein.

Der Art. 38 Abs. 4 lit. (b) VO legt, unter der Voraussetzung, dass es zu einer Vereinbarung über die Arbeitnehmermitbestimmung nach der Sitzverlegung kommt, fest, welchen Mindestinhalt eine solche Vereinbarung haben muss. Es sollen die Rechte der Mitglieder, die als Verwaltungs- bzw. Aufsichtsorgan tätig sind, benannt werden sowie ggf. die Anzahl der Mitglieder, die die Arbeitnehmer wählen bzw. bestellen können. Es handelt sich um Mitglieder, die durch Arbeitnehmer sowohl gewählt bzw. bestellt werden können, als auch empfohlen oder abgelehnt werden können.

Im Art. 38 Abs. 4 lit. (c) VO wird der Tag, an dem die Vereinbarung in Kraft tritt, festgelegt. Weiterhin wird die Laufzeit der Vereinbarung bestimmt sowie „Fälle", die eine neue Aushandlung der Vereinbarung erfordern können. Leider verzichtet der Vorschlag hier, mögliche Beispielfälle zu nennen. Hinsichtlich der möglichen Neu-

Aushandlung soll hier bereits das spätere Verfahren, wie die Vereinbarung erneut ausgehandelt wird, festgelegt werden.

Nach Maßgabe des Art. 38 Abs. 5 VO dürfen die Verhandlungen über die Vereinbarungen zur Mitbestimmung maximal sechs Monate betragen. Im Einvernehmen beider Parteien ist eine Verlängerung des Zeitraums um zusätzliche sechs Monate möglich. Hinsichtlich der Verhandlungen erfolgen diese gemäß dem anwendbaren innerstaatlichen Recht des Herkunftsmitgliedslands der SPE.

Der Art. 38 Abs. 6 VO bestimmt, falls keine Einigung über die Vereinbarung zur Mitbestimmung erreicht wird, dass die Arbeitnehmermitbestimmung im Aufnahmemitgliedsland so beibehalten wird, wie sie im Herkunftsmitgliedsland existierte.

2.9. Umstrukturierung, Auflösung und Ungültigkeit

Das Kapitel 2.9. mit den Artt. 39 bis 41 VO bestimmt Fälle, in denen eine SPE umstrukturiert wird. Weiterhin wird eine mögliche Auflösung bzw. Ungültigkeit der SPE bestimmt.

2.9.1. Umstrukturierung

Der Art. 39 VO definiert, welches Recht im Falle einer Umstrukturierung der SPE greift. Demnach findet das jeweils anwendbare innerstaatliche Recht bei Umstrukturierungen der SPE Anwendung. Zur Umstrukturierung zählen neben der Umwandlung und Verschmelzung einer SPE auch die Spaltung einer solchen.

2.9.2. Auflösung

In Art. 40 VO wird in vier Absätzen die Auflösung der SPE festgelegt. Bei den vier Absätzen handelt es sich vielmehr um Auflösungsgründe einer SPE. Nach dem Art. 40 Abs. 1 VO kann eine SPE aufgelöst werden, wenn der Zeitraum für den sie gegründet wurde abgelaufen ist. Weiterhin kann eine SPE durch einen Anteilseignerbeschluss aufgelöst werden bzw. wenn Fälle eintreten, die nach

Maßgabe des anwendbaren innerstaatlichen Rechts eine Auflösung der SPE festlegen.

Gemäß dem Art. 40 Abs. 2 VO unterliegt die Auflösung der SPE dem jeweils anwendbaren innerstaatlichen Recht.

Nach Maßgabe des Art. 40 Abs. 3 VO unterliegt die Insolvenz, Liquidation, Zahlungseinstellung oder ähnliche Verfahren einer SPE sowohl dem jeweils anwendbaren innerstaatlichen Recht, als auch unter die VO (EG) Nr.1346/2000 des Rates[28]

Der Art. 40 Abs. 4 VO bestimmt, dass SPE-Auflösungen bekannt gegeben werden müssen.

2.9.3. Ungültigkeit

Der Art. 41 VO definiert die Ungültigkeit einer SPE. Diese unterliegt dem anwendbaren innerstaatlichen Recht mit dem Art. 11 Abs. 2 litt. a, b, c und e der Richtline 68/151/EWG[29] umgesetzt wurde. Es handelt sich hierbei um Kriterien, nach denen eine Nichtigkeit bzw. Ungültigkeit gerichtlich ausgesprochen werden kann. Eine Ausnahme besteht lediglich in den Verweisen auf die Geschäftstätigkeit eines Unternehmens nach Art. 11 Abs. 2 und Art. 12 der vorher genannten Richtlinie.

2.10. Zusätzliche Bestimmungen und Übergangsbestimmungen

Der Art. 42 VO bestimmt in zwei Absätzen, die Möglichkeit der Verwendung der Landeswährung im Jahresabschluss. Nach dem Art. 42 Abs. 1 VO können Mitgliedsstaaten, die sich nicht im Eurowährungsraum befinden, die in ihrem Hoheitsgebiet ansässigen SPEs bitten, die Kapitalangaben in nationaler Währung vorzunehmen. Wahlweise hat die SPE auch die Möglichkeit ihre Kapitalangaben in Euro vorzunehmen. Die Umrechnung von der nationalen Währung in Euro erfolgt anhand des Umrechnungskurses vom letzten Tag vom Vormonat der SPE-Eintragung.

---

[28] VERORDNUNG (EG) Nr. 1346/2000 DES RATES vom 29. Mai 2000 über Insolvenzverfahren (veröffentlicht im ABl. L 160 vom 30.6.2000), S. 1.
[29] Erste Richtlinie 68/151/EWG des Rates vom 9. März 1968 zur Koordinierung der Schutzbestimmungen, die in den Mitgliedstaaten den Gesellschaften im Sinne des Artikels 58 Absatz 2 des Vertrages im Interesse der Gesellschafter sowie Dritter vorgeschrieben sind, um diese Bestimmungen gleichwertig zu gestalten (veröffentlicht im ABl. L 065 vom 14/03/1968), S. 8f.

Der Art. 42 Abs. 2 VO eröffnet einer SPE die Möglichkeit ihren Jahresabschluss bzw. konsolidierten Abschluss in Euro zu erstellen, auch wenn sich der Sitz in einem Mitgliedsland befindet, das nicht Mitglied des Euroraums ist. Hierbei ist jedoch zu beachten, dass die sich nicht im Euroraum befindenden Mitgliedsstaaten, ihren SPEs die Aufstellung des Jahresabschlusses bzw. konsolidierten Abschlusses in der nationalen Währung vorschreiben können. Diese Vorschrift unterläge dem anwendbaren innerstaatlichen Recht des jeweiligen Mitgliedsstaats.

2.11. Schlussbestimmungen

Im Kapitel 2.11. werden die Schlussbestimmungen durch die Artt. 43 bis 48 VO definiert. Es werden neben den Sanktion bei Verstößen gegen diese VO auch die mitgliedsstaatlichen Mitteilungspflichten festgelegt, welche statistischen Zwecken dienen.

2.11.1. Wirksame Anwendung

In Art. 43 VO wird die Wirksamkeit dieser Verordnung bestimmt. Demnach sind die Mitgliedsstaaten verpflichtet, hinsichtlich dieser VO, das Wirksamwerden zu gewährleisten. Die Gewährleistung erfolgt, indem die Mitgliedsstaaten alle notwendigen Vorkehrungen zum Wirksamwerden der VO treffen.

2.11.2. Sanktionen

Nach Maßgabe des Art. 44 VO legen die Mitgliedsstaaten Sanktionen fest, die bei Verstößen gegen diese Verordnung Anwendung finden. Diese Sanktionen müssen sowohl wirksam und verhältnismäßig, als auch abschreckend sein. Die Mitgliedsstaaten sind für die Durchsetzung der Sanktionen verantwortlich und übermitteln ihre Sanktionsvorschriften an die Kommission spätestens bis zum 01.07.2010 gemäß dieser VO. Sofern die Mitgliedsstaaten ihre Sanktionsvorschriften zu einem späteren Zeitpunkt ändern sollten, so muss die Kommission unverzüglich darüber unterrichtet werden.

2.11.3. Mitteilung von Gesellschaften mit beschränkter Haftung

Der Art. 45 VO bestimmt die Mitteilungspflicht zu statistischen Zecken von Gesellschaften mit beschränkter Haftung. Demnach müssen die Mitgliedsstaaten die Form von Gesellschaften mit beschränkter Haftung, gemäß dem Art. 4 Abs. 2 dieser VO, der Kommission mitteilen. Diese Mitteilung an die Kommission hat bis zum 01.07.2010 zu erfolgen. Die aus der Mitteilung resultierenden Angaben werden im Amtsblatt der Europäischen Union durch die Kommission veröffentlicht.

2.11.4. Verpflichtungen der für die Register zuständigen Behörden

In Art. 46 VO werden in zwei Absätzen die Verpflichtungen, der für die Register zuständigen Behörden, bestimmt. Dem Art. 46 Abs. 1 VO nach, informieren die registerführenden Behörden, gemäß Art. 9 Abs. 1 VO, die Kommission jährlich vor dem 31.03. über die Gesamtzahl der registrierten SPEs. Weiterhin müssen sie Registeränderungen also Streichungen und Eintragungen innerhalb des Vorjahres der Kommission mitteilen. Diese Änderungen werden unter Angabe des Unternehmensnamens der SPE, des eingetragenen Sitzes sowie der Registernummer übermittelt.

Laut dem Art. 46 Abs. 2 VO arbeiten die zuständigen registerführenden Behörden mit der Kommission zusammen. Diese soll sicherstellen, dass die Urkunden bzw. Angaben der SPEs gemäß des Art. 10 Abs. 2 VO über die Register zugänglich sind. Hierbei ist zu beachten, dass die Urkunden und Angaben der SPEs in jedem Register eines Mitgliedslands zugänglich sein sollen.

2.11.5. Überprüfung

Der Art. 47 VO bestimmt die Überprüfung der Anwendung dieser VO. Diese Überprüfung erfolgt durch die Kommission. Nach Maßgabe dieser VO erfolgt eine Prüfung spätestens bis zum 30.06.2015.

2.11.6. Inkrafttreten

Der letzte Artikel dieser VO, nämlich der Art. 48 VO, regelt das Inkrafttreten dieser VO. Am zwanzigsten Tag, nach Veröffentlichung der VO im Amtsblatt der Europäischen Union, tritt diese in Kraft. Sie gilt also ab dem 01.07.2010 unmittelbar in allen Mitgliedsstaaten und ist in allen Teilen verbindlich.

3. Rezeption interessierter Kreise

3.1. Der Bundesverband der Deutschen Industrie e.V. und die Bundesvereinigung der Deutschen Arbeitgeberverbände

Der BDI und die BDA bewerten in ihrem gemeinsamen Positionspapier vom 11.09.2008[30] den Kommissionsvorschlag als positiv. Im Verordnungsvorschlag seien laut BDI und BDA zahlreiche Wünsche der Wirtschaft integriert, sodass es „lediglich einer letzten Optimierung des Textes"[31] bedürfe. Es wird gefordert, dass Bestimmungen des SPE-Statuts „exklusiv Anwendung"[32] fänden und nicht auf nationales Gesellschaftsrecht verweisen würden. Ein solches Verweisen auf nationales Gesellschaftsrecht in 27 Mitgliedsstaaten, diene nicht der „Rechtssicherheit und –einheitlichkeit"[33]. Die daraus resultierende Rechtsberatung zum jeweiligen Gesellschaftsrecht der Mitgliedsstaaten erhöhe die Kosten. Dies umso mehr, als dass es theoretisch 27 unterschiedliche Versionen zum Gesellschaftsrecht geben könne. Daher seien der BDI und die BDA der Auffassung, dass „Fragen, die unbestritten dem Bereich des Gesellschaftsrechts zuzuordnen sind"[34], einheitlich geregelt werden müssten. Es handelt sich hierbei um Fragen der Kapitalaufbringung, der Gesellschafterbeschlüsse, der Geschäftsführerhaftung, der Unwirksamkeit von Satzungsbestimmungen sowie Fragen zu möglichen Fristen bzw. Fristverlängerungen. Diese Fragen sollten nicht mit einem Verweis ins nationale Recht geregelt werden, sondern einheitlich durch die VO.[35]

Hinsichtlich der Begrifflichkeiten innerhalb der einzelnen Artikel sehe der Verordnungsvorschlag „in Artikel 2 Abs. 1 lit. B. Artikel 2 Abs. 2 einen weiten

---

[30] Stellungnahme des BDI und der BDA vom 11.09.2008,
http://www.arbeitgeber.de/www/arbeitgeber.nsf/res/Stellungnahme%20EPG.pdf/$file/Stellungnahme%20EPE.pdf
, S. 1.
[31] Stellungnahme des BDI und der BDA vom 11.09.2008, a.a.O. (Fn. 30.), S. 1.
[32] Stellungnahme des BDI und der BDA vom 11.09.2008, a.a.O. (Fn. 30.), S. 2.
[33] Stellungnahme des BDI und der BDA vom 11.09.2008, a.a.O. (Fn. 30.), S. 2.
[34] Stellungnahme des BDI und der BDA vom 11.09.2008, a.a.O. (Fn. 30.), S. 2.
[35] Stellungnahme des BDI und der BDA vom 11.09.2008, a.a.O. (Fn. 30.), S. 3.

Ausschüttungsbegriff vor." [36]. Dieser Begriff umfasse nicht nur einseitige Auszahlungen, wie z.B. Dividenden, sondern jedweden Abfluss von Gesellschaftsvermögen. Der BDI und die BDA seien der Auffassung, dass hier eine Klarstellung erfolgen sollte. Wonach „Leistungen, die durch einen vollwertigen Gegenleistungs- oder Rückgewährsanspruch gedeckt sind, nicht als „Ausschüttungen" gelten."[37].

Die Verweigerung von Informationen nach Maßgabe des Art. 28 Abs. V O durch das Leitungsorgan solle den Gesellschaftern vorbehalten sein. Der BDI und die BDA schlagen hierzu eine Änderung vor, dass „die Gesellschafter darüber entscheiden, ob bestimmten Mitgesellschaftern der Zugang zu Informationen verweigert werden soll"[38]. Hierzu sollten weitere Mindestangaben in die Satzung aufgenommen werden, insbesondere zum Stimmrechtsausschluss einzelner betroffener Mitglieder sowie zu den Mehrheitserfordernissen einer solchen Beschlussfassung.[39] Der BDI und die BDA teilen die Auffassung der Europäischen Kommission, wonach ein grenzüberschreitender Bezug für die SPE nicht notwendig sei.[40]

Änderungsbedarf sehen der BDI und die BDA allerdings bei der Arbeitnehmermitbestimmung. Nach Art. 38 Abs. 1 VO unterliegt die Arbeitnehmermitbestimmung einer SPE stets den geltenden Bestimmungen des Mitgliedsstaates, in denen die SPE ihren Sitz hat. Dadurch wird Art. 34 Abs. 1 VO auf den Fall der Verlegung des Gesellschaftssitzes übertragen. Der Abs. 1 findet jedoch keine Anwendung, wenn die Arbeitnehmer des Herkunftsmitgliedslands mindestens ein Drittel der gesamten SPE-Arbeitnehmer einschließlich Tochtergesellschaften bzw. Zweigniederlassungen ausmachen und die Mitbestimmungsrechte des einen Drittels im Aufnahmemitgliedstaat nicht dasselbe Maß an Mitbestimmungsrechten aufweisen. In solchen Fällen muss die Leitung mit den Arbeitnehmern über die neuen Mitbestimmungsrechte verhandeln. Kommt es zu keiner Einigung, so werden die Mitbestimmungsrechte, wie sie im Herkunftsmitgliedstaat vereinbart waren, im Aufnahmestaat fortgeführt.[41]

---

[36] Stellungnahme des BDI und der BDA vom 11.09.2008, a.a.O. (Fn. 30.), S. 4.
[37] Stellungnahme des BDI und der BDA vom 11.09.2008, a.a.O. (Fn. 30.), S. 4.
[38] Stellungnahme des BDI und der BDA vom 11.09.2008, a.a.O. (Fn. 30.), S. 4.
[39] Stellungnahme des BDI und der BDA vom 11.09.2008, a.a.O. (Fn. 30.), S. 4.
[40] Stellungnahme des BDI und der BDA vom 11.09.2008, a.a.O. (Fn. 30.), S. 5.
[41] Stellungnahme des BDI und der BDA vom 11.09.2008, a.a.O. (Fn. 30.), S. 6.

Hinsichtlich der Praktikabilität dieser Auffangregelung haben der BDI und die BDA Zweifel. Nach deren Auffassung führe dieser Fall bei einer Sitzverlegung zum Exportieren von Arbeitnehmermitbestimmungrechten in andere EU-Mitgliedsstaaten, was per se nicht nachteilig sei. Nachteilig seien aber die Auswirkungen durch das „erzwungene Überschreiten nationaler Mitbestimmungsregelungen auf Grund gesetzlicher Normierung über die Grenzen hinweg"[42]. Ein solcher Zwang hätte eine andere Qualität und diene nicht dem ursprünglichen Ziel, eine mühelose Mobilität der europäischen Gesellschaftsform zu erreichen. Daher schlagen der BDI und die BDA eine einheitliche Auffangregelung vor. Beim Scheitern von Verhandlungen zu den Arbeitnehmermitbestimmungen im Aufnahmemitgliedsland wäre in der zweiten Verhandlung nur noch eine Fünftelbeteiligung der Arbeitnehmer zur Zustimmung erforderlich. Dies wäre nach Auffassung des BDI und der BDA sowohl unbürokratischer als auch praktikabler. Außerdem würden die Verhandlungspartner zusätzlich motiviert sein, eine individuelle Vereinbarung zur Arbeitnehmermitbestimmung im Aufnahmemitgliedsstaat zu treffen.[43]

Der BDI und die BDA regen die Einrichtung einer Europäischen Rechtsprechungsdatenbank an. In diese soll jeweils die nationale Rechtsprechung zur SPE eingespeist werden. Daraus „soll eine Plattform zur Schaffung einer wahren europäischen Auslegung des SPE-Status"[44] erfolgen. Eine solche dezentral eingerichtete und finanzierte Plattform könnte in das e-Justice-Portal integriert werden und von interessierten Stellen aus Justiz und Wissenschaft gepflegt werden.[45]

3.2. Der Deutsche Gewerkschaftsbund

Der DGB urteilt in seiner Stellungnahme vom 29.07.2008[46] kritisch über den Vorschlag für das Statut der SPE. Nach seiner Auffassung sei die SPE nicht wie angekündigt nur auf KMU beschränkt, sondern diene in erster Linie den großen Kapitalgesellschaften. Dies umso mehr, als das die umfangreiche

---

[42] Stellungnahme des BDI und der BDA vom 11.09.2008, a.a.O. (Fn. 30.), S. 7.
[43] Stellungnahme des BDI und der BDA vom 11.09.2008, a.a.O. (Fn. 30.), S. 7f.
[44] Stellungnahme des BDI und der BDA vom 11.09.2008, a.a.O. (Fn. 30.), S. 8.
[45] Stellungnahme des BDI und der BDA vom 11.09.2008, a.a.O. (Fn. 30.), S. 8.
[46] Stellungnahme des DGB vom 29.07.2008, http://www.dgb.de/themen/++co++mediapool-1e0c6dcbef55647f82afa16fdc929e1b, S. 1.

Satzungsautonomie „eher auf große Kapitalgesellschaften zugeschnitten, denn auf KMU."[47] sei.

Der DGB kritisiert weiterhin, dass zum einen kein nennenswertes Mindestkapital für die Gründung erforderlich sei und zum anderen, dass die Gründungstheorie festgeschrieben sei. Die weitreichende Satzungsfreiheit sowie die unzulängliche unternehmerische Mitbestimmung im Vorschlag bemängelt der DGB ebenfalls. Nach seiner Auffassung sei der Verdacht begründet, dass durch die SPE die Interessen der Anteilseigner einseitig berücksichtigt werden sollten.[48]

3.2.1. Das Fehlen der Kompetenznorm gemäß Art. 308 EGV

Grundsätzlich zweifelt der DGB die Rechtsgrundlage bzw. die Kompetenznorm der EU gemäß Art. 308 EGV für die Einführung der SPE an. Der Grund dafür sei die Tatsache, dass für die Gründung der SPE kein grenzüberschreitender Bezug erforderlich sei. Konsequenterweise stelle dies einen „unzulässigen Durchgriff auf das nationale Gesellschaftsrecht" [49] dar. Die SPE würde dadurch nationale Rechtsformen wie z.B. die deutsche GmbH auf lange Sicht verdrängen. Der Art. 308 EGV biete aber für solche rein innerstaatlichen Sachverhalte keine Kompetenzgrundlage, weil nach ständiger Rechtsprechung durch den EUGH ein grenzüberschreitender Bezug erforderlich sei. Dieses Erfordernis existiere auch bei anderen bereits bestehenden europäischen Gesellschaftsformen z.B. der Europäischen Aktiengesellschaft (SE) sowie der Europäischen Genossenschaft (SCE). Die Rechtfertigung, dass erst eine SPE den KMU einen Auslandsbezug ermögliche, würde nicht tragen, weil der Art. 308 EGV sogar bei weiter Auslegung einen eindeutigen Auslandsbezug voraussetzen würde. Die theoretische und erst durch die SPE entstehende Möglichkeit eines Auslandsbezugs entspräche nicht dem Ausnahmecharakter der Kompetenznorm.[50]

---

[47] Stellungnahme des DGB vom 29.07.2008, a.a.O. (Fn. 46.), S. 1.
[48] Stellungnahme des DGB vom 29.07.2008, a.a.O. (Fn. 46.), S. 2.
[49] Stellungnahme des DGB vom 29.07.2008, a.a.O. (Fn. 46.), S. 3.
[50] Stellungnahme des DGB vom 29.07.2008, a.a.O. (Fn. 46.), S. 3.

3.2.2. Die Arbeitnehmermitbestimmung

Die Arbeitnehmermitbestimmung sei nach Ansicht des DGB „völlig unzureichend"[51].

Das Recht auf Information, Konsultation sowie Mitbestimmung in der SPE durch die Arbeitnehmer sollte nicht geringer sein, als es bei der Europäischen Aktiengesellschaft und der Europäischen Genossenschaft der Fall ist. Die Gründung einer SPE ex nihilo stelle nach Auffassung des DGB einen Rückschritt hinsichtlich der Arbeitnehmermitbestimmung dar.[52] „Ein Rückschritt für ein soziales Europa."[53].

Besonders die Regelungen zur Arbeitnehmermitbestimmung bei der Sitzverlegung sind nach Ansicht des DGB „lückenhaft"[54] und drohen die Arbeitnehmermitbestimmung „auszuhöhlen"[55]. Sind mindestens ein Drittel der gesamten SPE-Arbeitnehmer im Herkunftsmitgliedsstaat beschäftigt, so Bedarf es - bei einer Sitzverlegung, die eine geringere Arbeitnehmermitbestimmung im Aufnahmestaat vorsieht – einer Verhandlung zwischen den Arbeitnehmervertretern und der Geschäftsführung über die Rechte der Arbeitnehmermitbestimmung im Aufnahmemitgliedsstaat. Der DGB sehe bei den wesentlichen Fragen zum Verhandlungsverfahren die gesetzgeberische Notwendigkeit weitere Regelungen, insbesondere Regelungen zu den Rechten der jeweiligen Verhandlungspartner, zu treffen.[56]

Zur Organstruktur der SPE fordert der DGB die einheitliche Verpflichtung zur Errichtung von Aufsichtsorganen, wenn die SPE eine bestimmte Anzahl von Arbeitnehmern beschäftigt. Dies sollte europaweit und einheitlich die Arbeitnehmermitbestimmung in der SPE gewährleisten.[57]

Die innere Ausgestaltung der SPE wird durch die Satzung der jeweiligen Gesellschaft näher festgelegt. So können in der Satzung das Verfahren für Bestellung sowie die Abberufung der Unternehmensleitung festgelegt werden. Ebenso können für Mitglieder der Unternehmensleitung Auswahlkriterien erstellt werden. Diese Vorschriften des Kommissionsvorschlags seien unvereinbar mit der deutschen Unternehmensmitbestimmung. Der im Statut festgelegte Grundsatz, dass

---

[51] Stellungnahme des DGB vom 29.07.2008, a.a.O. (Fn. 46.), S. 4.
[52] Stellungnahme des DGB vom 29.07.2008, a.a.O. (Fn. 46.), S. 4.
[53] Stellungnahme des DGB vom 29.07.2008, a.a.O. (Fn. 46.), S. 4.
[54] Stellungnahme des DGB vom 29.07.2008, a.a.O. (Fn. 46.), S. 5.
[55] Stellungnahme des DGB vom 29.07.2008, a.a.O. (Fn. 46.), S. 5.
[56] Stellungnahme des DGB vom 29.07.2008, a.a.O. (Fn. 46.), S. 5.
[57] Stellungnahme des DGB vom 29.07.2008, a.a.O. (Fn. 46.), S. 6.

die Mitbestimmung der Arbeitnehmer den jeweiligen Arbeitnehmermitbestimmungsrechten im Mitgliedsstaat unterliegt durchbräche die deutsche Unternehmensmitbestimmung.[58]

3.2.3. Das zu geringe Mindeststammkapital

Der DGB sei hinsichtlich des aufzubringenden Mindeststammkapitals von einem Euro der Auffassung, dass dies dem Prinzip des Gläubigerschutzes widerspräche. Diese Anforderung sei für die Rechtsform der SPE in den Augen der Gläubiger nicht vertrauensfördernd. Der DGB vertritt weiterhin die Meinung, dass ein solches Mindestkapital nicht dem Gedanken einer „Kapitalgesellschaft" per se entspräche.[59] Dazu stellt er die Frage nach der Rechtfertigung für eine „rechtliche Verselbstständigung"[60].

Zusammenfassend ist der DGB der Auffassung, dass der vorliegende Entwurf eines SPE-Status „die Möglichkeit verpasst ein klares und eindeutiges Bekenntnis zu Fragen der Arbeitnehmermitbestimmung abzugeben"[61]. Es würden lediglich Umrisse einer SPE entworfen, ohne konkret die Inhalte einer SPE eindeutig zu regeln. Die Gestaltungsfreiheit bei der Satzung durch die Gesellschafter würde kein Mindestmaß an Rechtssicherheit gewährleisten.[62]

3.3. Der Deutsche Notarverein

Der DNOTV lehnt in seiner Stellungnahme vom 31.07.2008[63] den vorliegenden VO-Entwurf ab. Die Ablehnung stützt sich auf sechs Gründe. Der erste Grund sei der fehlende grenzüberschreitende Bezug der SPE. Dadurch fehle es der EU an der notwendigen Gesetzgebungskompetenz, eine solche VO einzuführen. Der zweite Grund sei der Subsidaritätsgrundsatz, der einer Einführung einer solchen VO widerspräche. Mittlerweile seien viele nationale Kapitalgesellschaften in der Lage ihren Sitz ins Ausland zu verlegen, wodurch die Notwendigkeit einer SPE entfiele. Als dritten Ablehnungsgrund sehe der DNOTV das Fehlen einer vorbeugenden

---

[58] Stellungnahme des DGB vom 29.07.2008, a.a.O. (Fn. 46.), S. 6.
[59] Stellungnahme des DGB vom 29.07.2008, a.a.O. (Fn. 46.), S. 6.
[60] Stellungnahme des DGB vom 29.07.2008, a.a.O. (Fn. 46.), S. 6.
[61] Stellungnahme des DGB vom 29.07.2008, a.a.O. (Fn. 46.), S. 8.
[62] Stellungnahme des DGB vom 29.07.2008, a.a.O. (Fn. 46.), S. 8.
[63] Stellungnahme des DNOTV vom 31.07.2008, http://www.dnotv.de/_files/Dokumente/Stellungnahmen/2008-07-31StellungnahmeSPEfinal.pdf, S. 1.

Rechtskontrolle gemäß dem acquis communqutaire. Dies birge die Gefahr, dass die SPE aufgrund ihrer Organisationsform für unseriöse bzw. kriminelle Aktivitäten verwendet würde. Der vierte Grund sei die unzulängliche und ökonomisch ineffiziente Regelungstechnik beim Kapitalschutzsystem des VO-Entwurfs. Es scheine vielmehr „ein Beschäftigungsprogramm für die rechts- und wirtschaftsberatenden Berufe"[64] zu sein. Der fünfte Grund sei die Tatsache, dass für die SPE kein dispositiver Rechtsrahmen gemäß der europäischen Rechtstradition geschaffen wäre. Dieser Ansatz mit Regelungsaufträgen zu arbeiten, sei ökonomisch ineffizient. Es existiere noch nicht einmal eine Mustersatzung für Gründungsinteressierte. Als sechsten Grund nennt der DNOTV die mangelnde Arbeitnehmermitbestimmung in der SPE.[65]

3.3.1. Der fehlende grenzüberschreitende Bezug

Nach Art. 2 EG[66] ist eine Aufgabe der Europäischen Gemeinschaft, die Schaffung bzw. Aufrechterhaltung eines gemeinsamen Binnenmarktes. Daher hat die Europäische Gemeinschaft für grenzüberschreitende Angelegenheiten eine Regelungskompetenz. Diese Regelungskompetenz ist allerdings bei rein inlandsstaatlichen Sachverhalten entzogen. Der DNOTV sei der Auffassung, dass der vorliegende VO-Entwurf „der Kompetenzzuweisung der Mitgliedsstaaten an die Gemeinschaft, Art. 2, 3 EG"[67] widerspräche, weil kein grenzüberschreitender Bezug im VO-Entwurf vorausgesetzt würde.[68]

Die Kommission begründet diesen fehlenden grenzüberschreitenden Bezug dadurch, dass ein solcher die Effektivität des Instruments potentiell verringern würde. Nach Ansicht des DNOTV birge die Anerkennung einer solchen Argumentation die Gefahr, dass die Vertragshoheit der Mitgliedsstaaten ausgehebelt würde. Der DNOTV schlägt vor, einen grenzüberschreitenden Bezug sicherzustellen, indem z.B. auf Gründungswege der SE-Verordnung abgestellt würde. Dadurch würde ein bereits „gemeinschaftsrechtlicher acquis für eine grenzüberschreitende

---

[64] Stellungnahme des DNOTV vom 31.07.2008, a.a.O. (Fn. 63.), S. 2.
[65] Stellungnahme des DNOTV vom 31.07.2008, a.a.O. (Fn. 63.), S. 1. f.
[66] Nunmehr Art. 3 Abs. 3 EUV
[67] Stellungnahme des DNOTV vom 31.07.2008, a.a.O. (Fn. 63.), S. 3.
[68] Stellungnahme des DNOTV vom 31.07.2008, a.a.O. (Fn. 63.), S. 2. f.

Rechtsform"[69] genutzt werden. Die Gründung bzw. der Formwechsel sollte allen handelsrechtlichen Gesellschaften gemäß Art. 48 Abs. 2 des EU-Vetrages ermöglicht werden. Bei natürlichen Personen, die ihren Wohnsitz in unterschiedlichen Mitgliedsstaaten haben, sei ein Zwei-Jahres-Kriterium nach Maßgabe des Art. 2 SE-VO denkbar.[70]

3.3.2. Der Subsidaritätsgrundsatz

Die Errichtung einer SPE gemäß dem in Art. 5 EU-Vertrag gestalteten Grundsatz der Subsidarität käme nicht mehr in Betracht. Mittlerweile böten die „heute bestehenden mitgliedsstaatlichen haftungsbeschränkten Rechtsformen [...] inzwischen genügend Gestaltungsspielraum für Unternehmen." [71] . Nationale haftungsbegrenzte Rechtsformen könnten bereits heute gemeinschaftsweit verwendet werden, aufgrund der Anerkennung der Gründungstheorie durch z.B. die Zweigniederlassungsrichtlinie 89/666/EWG[72] bzw. die Rechtsprechung des EuGH. Hinsichtlich der Subsidarität bestünde nach Auffassung des DNOTV daher „kein ausreichendes Bedürfnis, auf Gemeinschaftsebene eine weitere supranationale Rechtsform einzuführen." [73] . Vielmehr sollte der europäische Gesetzgeber den Wettbewerb zwischen nationalen Rechtsformen zulassen und fördern.[74]

3.3.3. Die fehlende vorbeugende Rechtskontrolle – Die fehlende Nutzung des gesellschaftsrechtlichen acquis

Der vorliegende VO-Entwurf erfülle hinsichtlich der Voraussetzung der Gründung der SPE nicht die Anforderungen der Publizitätsrichtlinie. Art. 10 der Publizitätsrichtlinie schreibt beim Gründungsverfahren einer Gesellschaft entweder eine vorbeugende Prüfung durch eine Behörde bzw. ein Gericht oder eine öffentliche Beurkundung der Gründung vor. Diese Regelung finde auf die Gründung der SPE offensichtlich keine Anwendung. Die vorbeugende Kontrolle finde nach Art. 10 Abs. 4 VO durch eine

---

[69] Stellungnahme des DNOTV vom 31.07.2008, a.a.O. (Fn. 63.), S. 3.
[70] Stellungnahme des DNOTV vom 31.07.2008, a.a.O. (Fn. 63.), S. 4.
[71] Stellungnahme des DNOTV vom 31.07.2008, a.a.O. (Fn. 63.), S. 4.
[72] Elfte Richtlinie 89/666/EWG des Rates vom 21. Dezember 1989 über die Offenlegung von Zweigniederlassungen, die in einem Mitgliedstaat von Gesellschaften bestimmter Rechtsformen errichtet wurden, die dem Recht eines anderen Staates unterliegen (veröffentlicht im ABl. L 395 vom 30.12.1989, S. 36–39).
[73] Stellungnahme des DNOTV vom 31.07.2008, a.a.O. (Fn. 63.), S. 8.
[74] Stellungnahme des DNOTV vom 31.07.2008, a.a.O. (Fn. 63.), S. 8.

Behörde statt. Wohingegen Satzungsänderungen gemäß Art. 10 Abs. 5 VO nur dem zuständigen Register durch die SPE mitgeteilt werden müssen. Solche Satzungsänderungen unterlägen üblicherweise der Publizitätsrichtlinie, bei der SPE jedoch nicht. Eintragungen der SPE wirkten „offenbar deklaratorisch"[75]. Der VO-Entwurf orientiert sich, durch die fehlenden präventiven Kontrollen und dem Ausreichen der bloßen Schriftform, am angloamerikanischen Rechtskreis.[76]

Gemäß dem VO-Entwurf wird für die Registrierung einer SPE u.a. die Möglichkeit einer Online-Anmeldung nach Art. 10 Abs. 1 VO vorgesehen. Jedoch werden im VO-Entwurf lediglich die Anforderungen festgelegt, die für die Ausübung der Online-Anmeldung notwendig sind. Dadurch, dass der VO-Entwurf hier sogar auf sicherheitsrelevante Mindestvoraussetzungen verzichte, stünde dieser nur „vordergründig"[77] im Einklang mit dem Art. 3 Abs. 2 der Publizitätsrichtlinie. Denn der VO-Entwurf verzichte insgesamt auf die Schaffung von Mindeststandards hinsichtlich einer solchen Online-Anmeldung.[78] Die negativen Folgen einer solchen Missachtung des vorhandenen acquis durch die Regelungen im VO-Entwurf hinsichtlich der Gründung, Registrierung oder Satzungsänderung könnten für den Rechtsverkehr gravierend sein. Die SPE würde aufgrund der fehlenden Transparenz möglicherweise zum Instrument unseriöser bzw. krimineller Aktivitäten werden. Das Vertrauen in die Handelsregister würde dadurch nachhaltig beeinträchtigt werden.[79]

3.3.4. Die Arbeitnehmermitbestimmung

Nach Auffassung des DNOTV weise der VO-Entwurf hinsichtlich der Arbeitnehmermitbestimmung Defizite auf. Der acquis aus anderen Regelungen wird erneut nicht verwendet. So wird im VO-Entwurf nach Art. 7 Abs. 2 VO-Entwurf die Möglichkeit eröffnet, den Satzungssitz vom Verwaltungssitz zu trennen. Die Arbeitnehmermitbestimmung richtet sich gemäß Art. 34 Abs. 1 VO-Entwurf nach dem Land, in dem sich der Satzungssitz befindet. Der DNOTV sei der Ansicht, dass dies „verführerische Möglichkeiten für eine Flucht aus der Mitbestimmung"[80]

---

[75] Stellungnahme des DNOTV vom 31.07.2008, a.a.O. (Fn. 63.), S. 9.
[76] Stellungnahme des DNOTV vom 31.07.2008, a.a.O. (Fn. 63.), S. 9.
[77] Stellungnahme des DNOTV vom 31.07.2008, a.a.O. (Fn. 63.), S. 9.
[78] Stellungnahme des DNOTV vom 31.07.2008, a.a.O. (Fn. 63.), S. 9.
[79] Stellungnahme des DNOTV vom 31.07.2008, a.a.O. (Fn. 63.), S. 14.
[80] Stellungnahme des DNOTV vom 31.07.2008, a.a.O. (Fn. 63.), S. 25.

darstelle. Durch die SPE drohe der Verlust von Arbeitnehmerrechten, was nach Auffassung des DNOTV die deutsche Bundesregierung verhindern sollte.[81]

3.4. Die Bundesrechtsanwaltskammer

Die BRAK begrüßt in Ihrer Stellungnahme vom März 2009[82] den vorliegenden VO-Entwurf grundsätzlich. Nach ihrer Auffassung bedürfe es allerdings einiger inhaltlicher Verbesserungen im VO-Entwurf.

3.4.1. Der grenzüberschreitende Bezug

Das Europäische Parlament spricht sich für Einführung eines grenzüberschreitenden Bezugs aus. Die BRAK „hat bislang das Fehlen eines solchen grenzüberschreitenden Bezugs und die insgesamt liberale Fassung des Verordnungsentwurfs begrüßt."[83]. Sie sei der Auffassung, dass dadurch die SPE hinsichtlich des Wettbewerbs mit nationalen Gesellschaftsformen von vornherein ausgeklammert werde, wenn ein solcher grenzüberschreitender Bezug notwendig würde. Das, obwohl ein solcher Wettbewerb zwischen nationalen Gesellschaftsformen grundsätzlich erwünscht sei. Würde ein solcher grenzüberschreitender Bezug eingeführt werden, so sei die BRAK der Ansicht, dass dann konsequenterweise Instrumente zur Überwachung dieses Bezugs eingeführt werden müssten. Weiterhin müssten dann die Publikationspflichten der SPE erweitert werden und eine SPE-Datenbank errichtet werden. Insgesamt führe dies jedoch „zu einem erheblichen bürokratischen Aufwand, der gerade nicht vom Verordnungsgeber bei der Gestaltung des Status beabsichtigt war."[84]. Aus den vorherig genannten Gründen sei die BRAK gegen die Einführung des Erfordernisses eines grenzüberschreitenden Bezugs für die SPE.[85]

3.4.2. Das Mindestkapital in Höhe von EUR 1,00

Das im vorliegenden VO-Entwurf festgesetzte Mindeststammkapital beträgt EUR 1. Zum Ausgleich für ein solch niedriges Stammkapital muss das

---

[81] Stellungnahme des DNOTV vom 31.07.2008, a.a.O. (Fn. 63.), S. 26.
[82] Stellungnahme der BRAK vom März 2009, http://www.brak.de/w/files/stellungnahmen/Stn25-2009.pdf, S. 1. f.
[83] Stellungnahme der BRAK vom März 2009, a.a.O. (Fn. 82.), S. 5.
[84] Stellungnahme der BRAK vom März 2009, a.a.O. (Fn. 82.), S. 5.
[85] Stellungnahme der BRAK vom März 2009, a.a.O. (Fn. 82.), S. 5.

Geschäftsleitungsorgan allerdings eine Solvenzbescheinigung unterzeichnen. Ist das Geschäftsleitungsorgan nicht in der Lage eine Solvenzbescheinigung nach Art. 21 VO vorzulegen, so muss das Mindestkapital zur SPE-Gründung EUR 8.000 betragen. Die BRAK begrüße grundsätzlich die Festsetzung eines Mindestkapitals auf EUR 8.000. Nach ihrer Ansicht sollte dies generell das Mindestkapital der SPE sein. Das Mindestkapital in Höhe von EUR 1 zuzüglich einer Solvenzbescheinigung würde von der BRAK abgelehnt. Sie sei der Auffassung, dass sich Anteilseigner möglicherweise durch das Vorlegen einer Solvenzbescheinigung vom erforderlichen Mindestkapital in Höhe von EUR 8.000 „freizeichnen"[86] könnten. Nach Ansicht der BRAK sei weiterhin zu erwarten, dass der Nachweis einer Solvenzbescheinigung in der Praxis für die Anteilseigner einen „zusätzlichen bürokratischen Aufwand darstellt"[87]. Dies sei jedoch nicht im Sinne des SPE-Statuts.[88]

3.4.3. Die Regelung von Streitigkeiten durch eine Schiedsklausel

Im Art. 42a VO-E wird eine fakultative Schiedsklausel vorgesehen. In der deutschen Formulierung werden die Begrifflichkeiten jedoch nicht konsistent verwendet. Eingangs wird von einer „Schiedsklausel" gesprochen, wohingegen dann aber das Wort „Schlichter" verwendet wird. Der englische Entwurfstext verwendet stets das Wort „arbitrators", welches mit „Schiedsrichtern" zu übersetzen ist. Dieses Wort sollte konsistent im deutschen Entwurfstext Verwendung finden, da hier, neben der staatlichen Gerichtsbarkeit ein   eindeutiger Bezug zur Schiedsgerichtsbarkeit hergestellt wird. Die freiwillige Mediation im Streitverfahren ist jedoch von der Schiedsgerichtsbarkeit zu unterscheiden. Die BRAK begrüße diese Regelung, da sie im Verfahren der Schiedsgerichtsbarkeit eindeutige Vorteile sehe. Es handele sich um Vorteile, wie z.B. „Vertraulichkeit / für die weitere Zusammenarbeit vorteilhafte hohe Vergleichsquote / ganz überwiegend kürzere Dauer"[89]. Nach Auffassung der BRAK finde die Schiedsgerichtsbarkeit gerade aufgrund der vorherig genannten Vorteile häufig Anwendung im Gesellschaftsrecht. Bei einem gegebenenfalls

---

[86] Stellungnahme der BRAK vom März 2009, a.a.O. (Fn. 82.), S. 6.
[87] Stellungnahme der BRAK vom März 2009, a.a.O. (Fn. 82.), S. 6.
[88] Stellungnahme der BRAK vom März 2009, a.a.O. (Fn. 82.), S. 6.
[89] Stellungnahme der BRAK vom März 2009, a.a.O. (Fn. 82.), S. 7.

vorhandenen internationalen Bezug der SPE sei die Möglichkeit der zielgerichteten Schiedsrichterauswahl ein eindeutiger Vorteil im Schiedsgerichtsverfahren.[90]

3.4.4. Die Gestaltung der Arbeitnehmermitbestimmung in der SPE

Nach Auffassung der BRAK seien die vorliegenden Vorschläge des Europäischen Parlaments hinsichtlich der Gestaltung der Arbeitnehmermitbestimmung „nicht zielführend".[91] Es ergäben sich Konflikte, einerseits aus dem Ziel, den KMU den Zugang zum europäischen Binnenmarkt durch die Rechtsform der SPE zu vereinfachen. Dazu gehöre auch eine potentielle Trennung von Hauptverwaltung und Satzungssitz der SPE. Andererseits böte eben diese Möglichkeit der Trennung die Arbeitnehmermitbestimmung insgesamt auszuhebeln.[92]

Um das Umgehen der Arbeitnehmermitbestimmung zu vermeiden, überlegt das Europäische Parlament, ein komplexes Stufensystem zur Verhandlung über die Arbeitnehmermitbestimmung nach Vorbild der Europäischen Aktiengesellschaft bzw. Europäischen Genossenschaft, anzuwenden. Es sei allerdings zu befürchten, dass dies für KMU eine administrativ schwer umzusetzende unternehmerische Mitbestimmung darstellt. Dies würde die eigentlichen Adressaten des VO-Entwurfs verfehlen, sodass nationalen Rechtsformen weiterhin der Vorzug gegeben wäre.[93]

Die BRAK begrüße daher ein System der Arbeitnehmermitbestimmung innerhalb der SPE, welches allerdings nachfolgende vier Kriterien erfüllt:

- Es dürfe nicht den Zugang von KMU zum Binnenmarkt behindern;

- Der Ansatz der nationalen Mitbestimmung habe Vorrang;

- Als Abgrenzungskriterium würde die Gesamtanzahl der SPE-Arbeitnehmer maßgebend sein;

- Es würde ein einheitliches europäisches Konzept der Mitbestimmung verwendet;

---

[90] Stellungnahme der BRAK vom März 2009, a.a.O. (Fn. 82.), S. 7.
[91] Stellungnahme der BRAK vom März 2009, a.a.O. (Fn. 82.), S. 7.
[92] Stellungnahme der BRAK vom März 2009, a.a.O. (Fn. 82.), S. 8.
[93] Stellungnahme der BRAK vom März 2009, a.a.O. (Fn. 82.), S. 8.

Nach Auffassung der BRAK dürfe die SPE weder missbräuchlich verwendet werden, um bestehende Rechte der Arbeitnehmer zu umgehen, noch um „einzelne nationale Mitbestimmungsregime europaweit einzuführen"[94]. Daher schlage die BRAK vor, die bisher vorgesehenen Regelungen zur Arbeitnehmermitbestimmung durch Art. 34 und 38 des VO-Entwurfs unverändert zu lassen. Das Maß an Arbeitnehmermitbestimmung sei jeweils durch das anwendbare innerstaatliche Recht geregelt und sei meist von der Anzahl der Beschäftigten im Unternehmen abhängig. Diese größenspezifische Gestaltung zur Mitbestimmung der Arbeitnehmer befürworte die BRAK. Für die Gestaltung eines Schwellenwerts der Arbeitnehmeranzahl in der SPE schlage die BRAK die Größenordnung von 500 SPE-Eigenen bzw. zurechenbaren Arbeitnehmern vor. Diese Größenordnung greife bereits im Drittelbeteiligungsgesetz (DrittelbG). Den Vorschlag des Ausschusses für Beschäftigung und Soziale Angelegenheiten bzw. die Grenzziehung des Small Business Act[95] bei 250 Arbeitnehmern festzusetzen, lehne die BRAK ab. Sie begründet ihre Ablehnung damit, dass die Größenordnung durch Art. 27 durch die Bilanzrichtlinie geprägt sei, der „den Verhältnissen eines (unternehmerischen) Mitbestimmungsregimes"[96] nicht genüge.[97]

Nach Auffassung der BRAK sollte bei Überschreiten des Schwellenwerts von 500 SPE-Eigenen bzw. zurechenbaren Arbeitnehmern auf die Anwendung der Regelung zur Arbeitnehmermitbestimmung, wie in der Europäischen Aktiengesellschaft bzw. Europäischen Genossenschaft verwiesen werden. Dies würde zur Errichtung eines einheitlichen europäischen Konzepts der Mitbestimmung wesentlich beitragen.[98]

3.5. Der Deutsche Anwaltsverein

Der DAV begrüßt in seiner Stellungnahme vom Februar 2009[99] den vorliegenden VO-Entwurf. Insbesondere die Zielsetzung der VO, KMU den Zugang zum

---

[94] Stellungnahme der BRAK vom März 2009, a.a.O. (Fn. 82.), S. 8.
[95] Vgl. Fn. 1.
[96] Stellungnahme der BRAK vom März 2009, a.a.O. (Fn. 82.), S. 10.
[97] Stellungnahme der BRAK vom März 2009, a.a.O. (Fn. 82.), S. 10.
[98] Stellungnahme der BRAK vom März 2009, a.a.O. (Fn. 82.), S. 11.
[99] Stellungnahme des DAV vom Februar 2009, http://anwaltverein.de/downloads/Stellungnahmen-09/sn17-09b.pdf, S. 1. f.

gemeinsamen Binnenmarkt zu erleichtern sowie eine einheitliche europäische Gesellschaftsform zu schaffen.[100]

Nach Auffassung des DAV stelle eine VO grundsätzlich das „richtige Rechtsinstrument für die Einführung einer solchen Gesellschaftsform"[101] dar. Jedoch bedürfe der vorliegende VO-Entwurf weiterer Änderungen bzw. Ergänzungen, um die Zielsetzung der VO zu erreichen. Nach Ansicht des DAV wäre hierbei besonders auf die vorgesehene Flexibilität der VO zu achten, dass diese trotz weiterer Verbesserungen weiterhin erhalten bliebe.[102]

Eine Einschränkung der inhaltlichen Flexibilität hat der DAV hinsichtlich der Gründungsvoraussetzungen dennoch vorgeschlagen. Demnach solle „ein grenzüberschreitendes Element als Gründungsvoraussetzung vorgesehen werden. Dies erscheint unerlässlich, um die bereits ausgesprochenen Kompetenzzweifel zu beseitigen."[103]. Der DAV begründet dies weiterhin mit der Unerträglichkeit, wenn die VO Zweifel an ihrer Gültigkeit bzw. an ihrer Kompetenz zuließe.[104]

Hinsichtlich des Beratungsbedarfs bei der Gründung bzw. dem Betreiben der SPE solle dieser sich, nach Forderung des DAV, in Grenzen halten. Nach Auffassung des DAV bedürfe es einer Mustersatzung, die als Anhang zur VO beigefügt würde. Derzeitig müssten Gründer in ihrer Satzung eine lange Liste mit Mindestanforderungen und Angaben abarbeiten, die die Gründer meist ohne Rechtsberatung nicht sachgerecht erstellen könnten. Dies erhöhe die Beratungskosten. Eine beigefügte Mustersatzung würde hier eine Orientierung bzw. Abhilfe schaffen, wodurch die Gründungskosten verringert werden könnten. Eine weitere Verringerung der Kosten im Bereich der Rechtsberatung wäre gegeben, wenn „für Geschäftsleiter und Gesellschafter unübersehbare Haftungsrisiken vermieden und die Vermeidung von Haftungsrisiken nicht an schwer zu beurteilende Voraussetzungen (mit der Folge hoher Beratungskosten) geknüpft"[105] wäre.[106]

---

[100] Stellungnahme des DAV vom Februar 2009, a.a.O. (Fn. 99.), Rdnr. 2.
[101] Stellungnahme des DAV vom Februar 2009, a.a.O. (Fn. 99.), Rdnr. 3.
[102] Stellungnahme des DAV vom Februar 2009, a.a.O. (Fn. 99.), Rdnr. 3.
[103] Stellungnahme des DAV vom Februar 2009, a.a.O. (Fn. 99.), Rdnr. 12.
[104] Stellungnahme des DAV vom Februar 2009, a.a.O. (Fn. 99.), Rdnr. 12.
[105] Stellungnahme des DAV vom Februar 2009, a.a.O. (Fn. 99.), Rdnr. 3.
[106] Stellungnahme des DAV vom Februar 2009, a.a.O. (Fn. 99.), Rdnr. 3.

Hinsichtlich der sprachlichen Qualität des VO-Entwurfs kritisiert der DAV besonders die Terminologie. Beispielhaft sollen hier nur einige der fehlerhaften Termini genannt werden, da einige bereits im Inhalt der VO durch den Autor „aufgedeckt" wurden. So z. B. in „Artikel 2 Nummer 1 Buchst. (b) und Absatz 2: „Immobilien statt „Vermögensgegenstände"" [107], wonach die fälschliche Verwendung einen zu begrenzten Anwendungsbereich definiere. Ein weiteres Beispiel finde sich in „Artikel 24 Abs.3: „Lieferung von Sicherheiten" statt „Leistung von Sicherheiten"" [108], eine schlichtweg falsche Verwendung des Terminus. Nach Auffassung des DAV zeigten die vorangegangenen Beispiele, die Berechtigung der Kritik am deutschen Text des VO-Entwurfs. [109]

4. Zusammenfassung der wichtigsten Ergebnisse

Die Rezeption des VO-Vorschlags in der Bundesrepublik Deutschland erfolgte durchweg unterschiedlich. Alle Stellungnahmen zum VO-Vorschlag haben jedoch zahlreiche Änderungsvorschläge gemein. Diese sind bereits in Kapitel 3 der Arbeit erläutert.

Sowohl der BDI und die BDA, die BRAK als auch der DAV fassten den VO-Vorschlag als positiv auf. Änderungsbedarf sehen diese lediglich bei den Mitbestimmungsrechten der Arbeitnehmer, die durch eine Trennung von Satzungs- und Verwaltungssitz potentiell umgangen werden könnten. Der DGB und der DNOTV hingegen lehnen den VO-Vorschlag ab. Die primären Gründe für ihre Ablehnung sind insbesondere der fehlende grenzüberschreitende Bezug, durch den es der EU an der Kompetenznorm gemäß Art. 308 EGV zu Durchsetzung einer solchen VO mangele. Weiterhin kritisieren beide die deutlichen Defizite bezüglich der Mitbestimmungsrechte der Arbeitnehmer. Diese könnten durch eine Trennung des Satzungs- und Verwaltungssitzes umgangen werden.

Bei der Gesamtbetrachtung dieses VO-Vorschlags ist im Zuge dieser Arbeit nachgewiesen worden, dass für den jetzigen Vorschlag keine Perspektive hinsichtlich seiner Umsetzung besteht, da die Kompetenznorm der EU gemäß Art.

---

[107] Stellungnahme des DAV vom Februar 2009, a.a.O. (Fn. 99.), S. 39.
[108] Stellungnahme des DAV vom Februar 2009, a.a.O. (Fn. 99.), S. 39.
[109] Stellungnahme des DAV vom Februar 2009, a.a.O. (Fn. 99.), S. 39.

308 EGV nicht gegeben ist. Dadurch ist die Einführung einer solchen VO nicht durchsetzbar, jedenfalls aber rechtswidrig. Weiterhin enthält der VO-Vorschlag nicht alle gesellschaftsrechtlichen Regelungen. So fehlen z.B. eindeutigere Regelungen zur Arbeitnehmermitbestimmung. Es ergeben sich Möglichkeiten, diese zu umgehen, indem man den Satzungs- vom Verwaltungssitz trennt. Diese Tatsache soll eine Flexibilität und Mobilität der SPE insbesondere für KMU schaffen. Um KMU die notwendige Flexibilität zu erhalten und den Missbrauch aufgrund der möglichen Umgehung von Arbeitnehmerrechten durch größere Unternehmen zu verhindern, sollte bezüglich der Arbeitnehmermitbestimmung ein Schwellenwert eingerichtet werden, ab dem die SPE verbindlich einheitliche Arbeitnehmermitbestimmungsrechte, die es noch festzulegen gilt, einhalten muss. Die Einhaltung dieser einheitlichen Arbeitnehmermitbestimmungsrechte sollte durch ein Aufsichtsorgan bzw. einen Betriebsrat erfolgen, das bzw. der ebenfalls ab einem gewissen Schwellenwert eingeführt werden solle. Schließlich fehlen einheitliche Bestimmungen zur Rechnungslegung, wodurch unterschiedliche Ansatz- und Bewertungsvorschriften für die SPE exisitieren würden. Eine Regelung, die zur Einführung dieser gemeinsamen „europäischen Rechtsform" gleichfalls unerlässlich ist.

III. Literatur- / Quellenverzeichnis

1. Entscheidungen des EuGH

a. Urteil des Gerichtshofes vom 9. März 1999. - Centros Ltd gegen Erhvervs- og Selskabsstyrelsen. - Ersuchen um Vorabentscheidung: Højesteret - Dänemark. - Niederlassungsfreiheit - Errichtung einer Zweigniederlassung durch eine Gesellschaft ohne tatsächliche Geschäftstätigkeit - Umgehung des nationalen Rechts - Ablehnung der Eintragung. - Rechtssache C-212/97.

2. KOM-Vorschlag

a. EMPFEHLUNG DER KOMMISSION vom 6. Mai 2003 betreffend die Definition der Kleinstunternehmen sowie der kleinen und mittleren Unternehmen, K(2003) 1422 (veröffentlicht im ABl. L 124 vom 20.05.2003.

b. KOM (2008) 396; Vorschlag für eine Verordnung des Rates über das Statut der Europäischen Privatgesellschaft.

c. Kommission der Europäischen Union; 2012; Fakten und Zahlen über die kleinen und mittleren Unternehmen (KMU) der EU; Stand: 02.02.2012; heruntergeladen am 28.05.2012 unter http://ec.europa.eu/enterprise/policies/sme/facts-figures-analysis/index_de.htm.

d. Mitteilung der Kommission an das Europäische Parlament, den Rat, den Europäischen Wirtschafts- und Sozialausschuss und den Ausschuss der Regionen - Vorfahrt für KMU in Europa - Der „Small Business Act" für Europa {SEK(2008) 2101} {SEK(2008) 2102} vom 25.06.2008.

3. Stellungnahmen

a. BDI und BDA; 2008; Stellungnahme EPG; Stand: 11.09.2008; heruntergeladen am 08.05.2012 unter

http://www.arbeitgeber.de/www/arbeitgeber.nsf/res/Stellungnahme%20EPG.pdf/$file/Stellungnahme%20EPG.pdf.

b. BRAK; 2008; Ergänzende Stellungnahme der Bundesrechtsanwaltskammer zu dem Vorschlag für eine Verordnung des Rates über das Statut der Europäischen Privatgesellschaft (SPE) vom 25. Juni 2008; Stand: 25.06.2008; heruntergeladen am 08.05.2012 unter http://www.brak.de/w/files/stellungnahmen/Stn25-2009.pdf.

c. DAV; 2009; Stellungnahme des Deutschen Anwaltvereins durch den Handelsrechtsausschuss zum Vorschlag der Kommission für eine Verordnung des Rates über das Statut der Europäischen Privatgesellschaft; Stand:Februar 2009; heruntergeladen am 08.05.2012 unter http://anwaltverein.de/downloads/Stellungnahmen-09/sn17-09b.pdf.

d. DGB; 2008; Stellungnahme des DGB zum Vorschlag für eine Verordnung des Rates über das Statut der Europäischen Privatgesellschaft; Stand: 29.07.2008; heruntergeladen am 08.05.2012 unter http://www.dgb.de/themen/++co++mediapool-1e0c6dcbef55647f82afa16fdc929e1b.

e. DNOTV; 2008; Stellungnahme SPE final; Stand: 31.07.2008; heruntergeladen am 08.05.2012 unter http://www.dnotv.de/_files/Dokumente/Stellungnahmen/2008-07-31StellungnahmeSPEfinal.pdf.

4. Unionsrecht

a. Elfte Richtlinie 89/666/EWG des Rates vom 21. Dezember 1989 über die Offenlegung von Zweigniederlassungen, die in einem Mitgliedstaat von Gesellschaften bestimmter Rechtsformen errichtet wurden, die dem Recht eines anderen Staates unterliegen (veröffentlicht im ABl. L 395 vom 30.12.1989, S. 36–39).

b. Erste Richtlinie 68/151/EWG des Rates vom 9. März 1968 zur Koordinierung der Schutzbestimmungen, die in den Mitgliedstaaten den Gesellschaften im Sinne des Artikels 58 Absatz 2 des Vertrages im Interesse der Gesellschafter sowie Dritter vorgeschrieben sind, um diese Bestimmungen gleichwertig zu gestalten (veröffentlicht im ABl. L 065 vom 14/03/1968).

c. RICHTLINIE 2005/56/EG DES EUROPÄISCHEN PARLAMENTS UND DES RATES vom 26. Oktober 2005 über die Verschmelzung von Kapitalgesellschaften aus verschiedenen Mitgliedstaaten (veröffentlicht im ABl. L310 vom 25.11.2005).

d. Siebente Richtlinie 83/349/EWG des Rates vom 13. Juni 1983 aufgrund von Artikel 54 Absatz 3 Buchstabe g) des Vertrages über den konsolidierten Abschluß (veröffentlicht im ABl. L 193 vom 18.7.1983).

e. VERORDNUNG (EG) Nr. 1346/2000 DES RATES vom 29. Mai 2000 über Insolvenzverfahren (veröffentlicht im ABl. L 160 vom 30.6.2000).

f. Vierte Richtlinie 78/660/EWG des Rates vom 25. Juli 1978 aufgrund von Artikel 54 Absatz 3 Buchstabe g) des Vertrages über den Jahresabschluß von Gesellschaften bestimmter Rechtsformen (veröffentlicht im ABl. L 222 vom 14.8.1978).

IV. Abbildungsverzeichnis

V. Anlagenteil

Anlage 1.

DE

KOMMISSION DER EUROPÄISCHEN GEMEINSCHAFTEN

Brüssel, den
KOM(2008) 396

2008/xxxx (CNS)

Vorschlag für eine

VERORDNUNG DES RATES

über das Statut der Europäischen Privatgesellschaft

(von der Kommission vorgelegt)

{SEK(2008) 2098}
{SEK(2008) 2099}

BEGRÜNDUNG

1. HINTERGRUND

In der Mitteilung der Kommission zum Binnenmarkt für das Europa des 21. Jahrhunderts[1] wird die Notwendigkeit einer kontinuierlichen Verbesserung der Rahmenbedingungen für Unternehmen im Binnenmarkt hervorgehoben.

Kleine und mittlere Unternehmen (KMU) machen in der Europäischen Union mehr als 99 % der Unternehmen aus, aber lediglich 8 % treiben grenzübergreifend Handel und 5 % verfügen über Tochtergesellschaften oder Gemeinschaftsunternehmen im Ausland. Während es in den letzten Jahren einfacher geworden ist, europaweit Unternehmen zu errichten, muss noch mehr getan werden, um den Zugang der KMU zum Binnenmarkt zu verbessern, ihr Wachstum zu erleichtern und ihr Geschäftspotenzial zu entfalten.

Das Statut der Europäischen Privatgesellschaft („Societas Privata Europaea", nachstehend „SPE") ist Bestandteil eines Maßnahmenpakets zur Unterstützung der KMU, des sogenannten „Small Business Act" für Europa (SBA). Ziel des SBA ist es, die Geschäftstätigkeit der KMU im Binnenmarkt zu erleichtern und folglich ihre Marktleistung zu verbessern. Die SPE ist eine der prioritären Initiativen des Arbeitsprogramms der Kommission für 2008[2].

2. ZIELE DES VORSCHLAGS

Mit der Initiative wird eine neue europäische Rechtsform geschaffen, die die Wettbewerbsfähigkeit der KMU durch Erleichterung ihrer Niederlassung und Tätigkeit im Binnenmarkt erhöhen soll. Gleichzeitig hat das Statut das Potenzial, auch größeren Unternehmen und Gruppen zu Gute zu kommen.

Der Vorschlag für ein Statut der SPE ist auf die spezifischen Bedürfnisse von KMU zugeschnitten. Er gestattet den Unternehmern, in allen Mitgliedstaaten gemäß den gleichen einfachen und flexiblen Gesellschaftsrechtsvorschriften eine SPE zu gründen.

Der Vorschlag zielt auf eine Senkung der Kosten für die Einhaltung von Vorschriften für die Gründung und den Betrieb von Unternehmen ab, die sich aus den Unterschieden zwischen den nationalen Vorschriften für die Gründung und den Betrieb von Unternehmen ergeben.

Der Vorschlag geht nicht auf Fragen im Zusammenhang mit dem Arbeits- oder dem Steuerrecht, der Rechnungslegung oder der Insolvenz der SPE ein. Auch behandelt er nicht die vertraglichen Rechte und Verpflichtungen der SPE oder ihrer Anteilseigner, die über diejenigen hinaus gehen, die sich aus der Satzung der SPE ergeben. Diese Punkte unterliegen weiterhin dem nationalen Recht und gegebenenfalls den vorhandenen Gemeinschaftsinstrumenten.

[2]

---

5. Mitteilung der Kommission an den Rat, das Europäische Parlament, den Europäischen Wirtschafts- und Sozialausschuss und den Ausschuss der Regionen: „Ein Binnenmarkt für das Europa des 21. Jahrhunderts" – KOM (2007) 724 vom 20.11.2007.

[2] Mitteilung der Kommission an den Rat, das Europäische Parlament, den Europäischen Wirtschafts- und Sozialausschuss und den Ausschuss der Regionen: „Legislativ- und Arbeitsprogramm der Kommission für 2008" – KOM(2007) 640.

Die Wahl der SPE als eine Rechtsform zur Ausübung von Tätigkeiten in der EU sollte aus steuerlicher Sicht neutral sein. Deshalb ist es wichtig sicherzustellen, dass die SPE eine ähnliche Steuerbehandlung wie vergleichbare nationale Rechtsformen erhält. Zu diesem Zweck gedenkt die Europäische Kommission, im Herbst 2008 Gespräche mit den Mitgliedstaaten aufzunehmen, um den Anwendungsbereich der folgenden Richtlinien auf die SPE auszudehnen: Richtlinie über das gemeinsame Steuersystem der Mutter- und Tochtergesellschaften (90/435/EWG)[3], Fusionsrichtlinie (90/434/EWG)[4] und Zinsen- und Lizenzgebührenrichtlinie (2003/49/EG)[5]. Ziel der Kommission ist es sicherzustellen, dass diese Maßnahmen umgesetzt sind und den SPEs von Beginn ihrer Tätigkeit an zu Gute kommen.

3. RECHTSGRUNDLAGE

Der Vorschlag stützt sich auf Artikel 308 EG-Vertrag. Diese Bestimmung schafft die Rechtsgrundlage für EU-Maßnahmen, mit denen eines der Ziele der Gemeinschaft erreicht werden soll, ohne dass im EG-Vertrag eine spezifische Rechtsgrundlage vorgesehen ist. Artikel 308 ist die Rechtsgrundlage für die bereits bestehenden Formen europäischer Gesellschaften, und zwar die Europäische Gesellschaft, die Europäische wirtschaftliche Interessenvereinigung (EWIV) und die Europäische Genossenschaft.

6. SUBSIDIARITÄT UND VERHÄLTNISMÄßIGKEIT

Mit dem Vorschlag soll der Binnenmarkt den KMU zugänglicher gemacht werden, indem ihnen ein Instrument an die Hand gegeben wird, das die Ausweitung ihrer Tätigkeiten auf andere Mitgliedstaaten erleichtert. Dennoch knüpft der Vorschlag die Gründung einer SPE nicht an eine grenzübergreifende Anforderung (z.B. Anteilseigner aus verschiedenen Mitgliedstaaten oder Nachweis einer grenzübergreifenden Tätigkeit). In der Praxis gründen Unternehmer ihr Unternehmen in der Regel im eigenen Mitgliedstaat, bevor sie in anderen Ländern tätig werden. Eine grenzübergreifende Anforderung in der Startphase würde folglich das Potenzial des Instruments mindern. Eine grenzübergreifende Anforderung könnte zudem leicht umgangen werden und ihre Kontrolle und rechtliche Durchsetzung könnte die Mitgliedstaaten ungebührlich belasten.

Deshalb besteht auf EU-Ebene Handlungsbedarf, um es den KMU zu ermöglichen, in der gesamten EU die gleiche Gesellschaftsform zu verwenden. Die Mitgliedstaaten können dieses Ziel einzeln nicht voll verwirklichen. Selbst wenn sich alle Mitgliedstaaten dazu verpflichten würden, ihre Rechtsvorschriften für Unternehmen unternehmerfreundlicher zu gestalten, würden die KMU immer noch mit 27 unterschiedlichen nationalen Regelungen konfrontiert sein.

[3]

---

[3]   Richtlinie 90/435/EWG des Rates vom 23. Juli 1990 über das gemeinsame Steuersystem der Mutter- und Tochtergesellschaften verschiedener Mitgliedstaaten, ABl. L 225 vom 22.9.1990, S.6.

[4]   Richtlinie 90/434/EWG des Rates vom 23. Juli 1990 über das gemeinsame Steuersystem für Fusionen, Spaltungen, die Einbringung von Unternehmensteilen und den Austausch von Anteilen, die Gesellschaften verschiedener Mitgliedstaaten betreffen, ABl. L 225 vom 20.8.1990, S. 1.

[5]   Richtlinie 2003/49/EG des Rates vom 3. Juni 2003 über eine gemeinsame Steuerregelung für Zahlungen von Zinsen und Lizenzgebühren zwischen verbundenen Unternehmen verschiedener Mitgliedstaaten, ABl. L 157 vom 26. 6. 2003, S. 49.

Indem den KMU eine Gesellschaftsform angeboten wird, die einheitlich, rechtlich sicher und auch noch flexibel ist, würde die SPE das effizienteste und angemessenste Mittel zur Erreichung dieses Ziels sein. Eine Alternative zur Erreichung desselben Ziels würde in der Harmonisierung zumindest der Kernbestimmungen der nationalen Gesellschaftsrechtsvorschriften für Gesellschaften mit beschränkter Haftung bestehen. Dies würde eine beträchtliche und wahrscheinlich unangemessene Einmischung in das nationale Recht der Mitgliedstaaten darstellen. Im Gegensatz zur Harmonisierung lässt der vorliegende Vorschlag das nationale Recht weitgehend unberührt. Er bietet den KMU eine alternative Form, die parallel zu den nationalen Gesellschaftsformen existieren würde.

Die Schaffung einer neuen europäischen Rechtsform erfordert ein Rechtsinstrument, das unmittelbar anwendbar ist, d.h. eine Verordnung. Weder eine Empfehlung noch eine Richtlinie würden zu einer einheitlichen Regelung führen, die in allen Mitgliedstaaten anwendbar ist.

5. ANHÖRUNG INTERESSIERTER KREISE

Das Statut der Europäischen Privatgesellschaft wurde ursprünglich Anfang der 90er Jahre von der Geschäftswelt und den akademischen Kreisen entwickelt und gewann im Laufe der Zeit die Unterstützung der Industrieverbände und des Europäischen Wirtschafts- und Sozialausschusses[6]. Es zählte auch zu den möglichen Maßnahmen des Aktionsplans zur Modernisierung des Gesellschaftsrechts und Verbesserung der Corporate Governance in der Europäischen Union für die Jahre 2003-2009[7]. Die öffentliche Anhörung im Jahr 2006 zu den künftigen Prioritäten der Kommission in den zuvor genannten Bereichen bekräftigte diese Unterstützung[8].

Im Juni 2006 hielt der Rechtsausschuss des Europäischen Parlaments eine öffentliche Anhörung zur SPE ab und verfasste einen Initiativbericht sowie eine Entschließung, in denen die Europäische Kommission aufgerufen wurde, vor Ende 2007 einen Vorschlag für eine SPE vorzulegen[9]. In einer Entschließung vom 25. Oktober 2007[10] bekräftigte das Parlament erneut seine Unterstützung und klare Verpflichtung im Hinblick auf die Initiative. Angesichts des starken Interesses des Parlaments an diesem Vorschlag sollte es von Anfang an eng in die Arbeiten zur SPE einbezogen werden.

Im Juli 2007 lancierte die Generaldirektion Binnenmarkt und Dienstleistungen eine spezifische öffentliche Anhörung zur SPE. Mittels der Testgruppe europäischer Unternehmen[11] wurde überdies bei Unternehmen in den 27 Mitgliedstaaten eine Erhebung durchgeführt.

[4]

---

[6]   Stellungnahme des Wirtschafts- und Sozialausschusses zum Thema „Ein europäisches Rechtsstatut für KMU", ABl. C 125 vom 27.5.2002, S. 19.

[7]   KOM(2003) 284.

[8]   http://ec.europa.eu/internal_market/company/consultation/index_en.htm

[9]   Bericht des Europäischen Parlaments mit Empfehlungen an die Kommission zum Statut der Europäischen Privatgesellschaft (2006/2013(INI)), A6-0434/2006 endg.

[10]   Entschließung des Europäischen Parlaments zur 14. Gesellschaftsrechtsrichtlinie und zur Europäischen Privatgesellschaft (B6-0399/07).

[11]   Anhörung: http://ec.europa.eu/internal_market/company/epc/index_en.htm
EBTP: http://ec.europa.eu/yourvoice/ebtp/consultations/2007_en.htm

Am 10. März 2008 hielt die Kommission eine Konferenz zur SPE ab.

Der Sachverständigenausschuss der Europäischen Kommission zur Corporate Governance und zum Gesellschaftsrecht[12] legte Informationen in Bezug auf die Folgenabschätzung vor und gab Empfehlungen zum Inhalt des SPE-Statuts ab. Diese Gruppe arbeitet auch an der Abfassung von Beispielen für die Bestimmungen der Satzung einer SPE, die das Verständnis des Statutsentwurfs erleichtern soll.

7. FOLGENABSCHÄTZUNG

Neuere Erhebungen[13] und öffentliche Konsultationen zeigen, dass KMU trotz ihres großen Potenzials vor rechtlichen und administrativen Hindernissen stehen, die ihre Entwicklung im Binnenmarkt behindern. Auch wenn alle Unternehmen, die grenzübergreifend tätig werden wollen, auf Rechts- und Verwaltungshindernisse stoßen, sind diese für kleine Unternehmen proportional größer, da sie finanziell und personell schlechter ausgestattet sind.

Die Schwierigkeiten, auf die Unternehmen infolge der Vielfalt von Unternehmensformen stoßen, bestehen vor allem in den *Kosten für die Einhaltung von Vorschriften für die Gründung eines Unternehmens* (z.B. eine obligatorische Mindesteigenkapitalanforderung, Registrierungs- und Notargebühren, Kosten für Rechtsberatung) und in den *Schwierigkeiten und den Kosten für die Einhaltung von Vorschriften für den Betrieb eines Unternehmens*, die den Tagesbetrieb ausländischer Tochtergesellschaften kostenaufwendiger gestalten als den inländischer Tochtergesellschaften.

Die grenzübergreifende Entwicklung von KMU wird auch durch das *mangelnde Vertrauen in bestimmte ausländische Gesellschaftsformen* in anderen Mitgliedstaaten behindert. Dieses Problem besteht vor allem in Bezug auf die weniger bekannten Gesellschaftsformen.

In der Folgenabschätzung werden vier grundlegende politische Optionen geprüft:

– *Verzicht auf Maßnahmen und Rückgriff auf die bestehenden Rechtsvorschriften und die ständige Rechtsprechung:* Trotz der Bemühungen, die Unternehmensgründung in der EU rascher und einfacher zu gestalten, sind die KMU immer noch mit 27 unterschiedlichen Gesellschaftsrechtregelungen konfrontiert.

– *Versuch der Harmonisierung der Gesellschaftsrechtsvorschriften in den Mitgliedstaaten:* Um die Kosten für die Unternehmensgründung und die Tätigkeit von Unternehmen in anderen Mitgliedstaaten erheblich zu senken, wäre ein hoher Grad an Harmonisierung der nationalen Regelungen erforderlich. Die wesentlichen Änderungen der nationalen Rechtsvorschriften, die eine Folge dieses Ansatzes wären, wären jedoch dem Ziel des Vorschlags nicht unbedingt angemessen.

– *Verbesserung des Statuts der Europäischen Gesellschaft (SE) und Anpassung an die Bedürfnisse der KMU:* Ein Zugang der KMU zum Statut der SE würde erhebliche Änderungen erforderlich machen. Diese Option würde eine sorgfältige Neufassung

[5]

---

[12] http://ec.europa.eu/internal_market/company/advisory/index_en.htm
[13] Erhebung der Europäischen Überwachungsstelle für kleine und mittlere Unternehmen (Flash EB Nr. 196) unter Federführung der „Gallup Organisation" Ungarn auf Anfrage der GD Unternehmen und Industrie, Erhebung vorgelegt auf dem KMU-Aktionstag von Business Europe am 21. November 2007. http://www.businesseurope.eu/Content/Default.asp?PageId=496

und Neuaushandlung der SE-Verordnung vor ihrer Bewertung im Jahr 2008/2009 notwendig machen.

–   *Vorschlag eines SPE-Statuts für KMU:* Die Schaffung einer neuen europäischen Rechtsform für KMU löst die zuvor genannten Probleme am Besten, indem eine Gesellschaftsform geschaffen wird, die einheitliche Regeln für die Gründung in der gesamten EU festlegt, den internen Aufbau flexibel gestaltet und somit Kosten einspart. Den KMU würde auch ein europäisches Gütezeichen verliehen, was die grenzübergreifende Tätigkeit erleichtern dürfte.

8. ERLÄUTERUNG DES VORSCHLAGS

Kapitel I: Allgemeine Bestimmungen

In den allgemeinen Bestimmungen werden die *Hauptmerkmale der SPE* festgelegt. Die SPE ist eine Gesellschaft mit Rechtspersönlichkeit und sie verfügt über Gesellschaftskapital. Es handelt es sich um eine Gesellschaft mit beschränkter Haftung, d.h. ihre Anteilseigner können nur für den von ihnen gezeichneten Betrag haftbar gemacht werden. Da es sich bei der SPE um eine Privatgesellschaft handelt, können die Anteile an einer SPE weder öffentlich angeboten noch öffentlich gehandelt werden.

Für die *Gründung einer SPE* besteht keine Beschränkung. Sie kann gemäß Artikel 48 EG-Vertrag von einem oder mehreren Gründern, natürlichen Personen und/ oder Unternehmen gegründet werden. Darüber hinaus können sich auch eine Europäische Gesellschaft (SE), eine Europäische Genossenschaft, eine Europäische wirtschaftliche Interessenvereinigung (EWIV) oder eine andere SPE an der Gründung einer SPE beteiligen.

Hinsichtlich des Anwendungsbereichs des Statuts und seiner Verbindung zum nationalen Recht sieht die Verordnung Folgendes vor:

(1)   Eine SPE wird in erster Linie durch die direkt anwendbaren obligatorischen Bestimmungen der Verordnung reguliert. Diese Regeln erleichtern die Gründung der SPE und gewährleisten die erforderliche Einheitlichkeit der SPE in der EU.

(2)   Der Verordnung zufolge sind eine Reihe von Punkten, insbesondere der interne Aufbau der SPE durch die Satzung zu regeln (Anhang I). Zur Gewährleistung der Flexibilität steht es den Anteilseignern frei, wie sie diese Punkte regeln, sofern lediglich die Bestimmungen dieser Verordnung eingehalten werden.

(3)   Für Punkte, die unter das SPE-Statut fallen, ist das nationale Gesellschaftsrecht lediglich in den durch die Verordnung spezifizierten Fällen relevant. Die Bestimmungen, die gemäß Anhang I in die Satzung aufzunehmen sind oder aufgenommen werden können, unterliegen nicht dem nationalen Recht.

Die Bestimmungen der Verordnung und die Liste der in Anhang I genannten Punkte, die von der Satzung abzudecken sind, definieren den Anwendungsbereich der EU-Vorschriften. Der Vorschlag enthält keine Standardbestimmungen, die für den Fall der Nichtabdeckung der in Anhang I genannten Punkte durch die Satzung Anwendung finden würden. Dennoch sind im

[6]

nationalen Recht die Sanktionen für eine solche Unterlassung oder einen sonstigen Verstoß gegen die Verordnung vorzusehen.

Das nationale Recht regelt all die Fragen, die nicht von der Verordnung oder der Satzung der SPE im Sinne von Anhang I abgedeckt sind. Dies ist z.B. bei nicht in Anhang I genannten Punkten oder in Bereichen der Fall, die außerhalb des Gesellschaftsrechts liegen (wie Arbeits-, Insolvenz- oder Steuerrecht). Das jeweils anwendbare Recht ist das Recht des Mitgliedstaats, in dem die SPE ihren eingetragenen Sitz hat und das auf Gesellschaften mit beschränkter Haftung Anwendung findet. Die Mitgliedstaaten teilen der Kommission die Bezeichnung der jeweiligen Unternehmensform mit.

Kapitel II: Gründung

Die Verordnung sieht keinerlei Beschränkungen der Art und Weise vor, auf die eine SPE gegründet werden kann. Gemäß der Verordnung kann eine SPE *ex nihilo* gegründet werden. Sie kann auch durch Umwandlung, Verschmelzung oder Spaltung bestehender Gesellschaften gegründet werden. Im Sinne der einschlägigen Bestimmungen des nationalen Rechts kann jegliche Gesellschaftsform, die im nationalen Recht besteht (privat oder öffentlich, mit oder ohne Rechtspersönlichkeit), in eine SPE umgewandelt werden. Eine SE oder eine andere SPE können sich ebenfalls an der Gründung einer SPE beteiligen.

Auf den Namen der Europäischen Privatgesellschaft folgt der Zusatz „SPE". Die SPE ist gehalten, ihren eingetragenen Sitz und Hauptverwaltung oder Hauptniederlassung im Hoheitsgebiet der Mitgliedstaaten zu haben. Gemäß dem Centros-Urteil[14] des Europäischen Gerichtshofs kann eine SPE ihren eingetragenen Sitz und Hauptverwaltung oder Hauptniederlassung in verschiedenen Mitgliedstaaten haben. Die Anteilseigner können auch beschließen, den eingetragenen Sitz des Unternehmens in einen anderen Mitgliedstaat zu verlegen.

Die Verordnung schreibt kein spezielles Registrierungsverfahren für die SPE vor, stützt sich allerdings auf die Bestimmungen der Ersten Gesellschaftsrechtrichtlinie (68/151/EWG) und legt einige Anforderungen fest, mittels derer die Gründung einer SPE einfacher und kostengünstiger werden soll. So muss es zum einen möglich sein, dass eine SPE einen elektronischen Antrag auf Registrierung stellt. Zum anderen enthält die Verordnung eine erschöpfende Liste von Dokumenten und Angaben, die die Mitgliedstaaten für die Registrierung der SPE anfordern können. Änderungen dieser Dokumente und Angaben sind ebenfalls zu registrieren.

Schließlich schreibt der Vorschlag eine einzige Überprüfung der Rechtsgültigkeit vor, und zwar im Rahmen der Registrierung der SPE entweder eine Kontrolle der Rechtsgültigkeit der Dokumente und Angaben durch eine Verwaltungs- oder eine Justizbehörde oder eine notarielle Beglaubigung. Den Gründern der SPE darf nicht vorgeschrieben werden, beide Bedingungen zu erfüllen.

Kapitel III: Anteile

Die Verordnung räumt den Anteilseignern einen großen Spielraum ein, wenn es um Fragen zu den *Anteilen* geht, insbesondere aber in Bezug auf die mit den Anteilen verbundenen Rechte und Verpflichtungen. Eine SPE kann Stammanteile oder Vorzugsanteile ausgeben.

[7]

---

[14]   Rechtssache C-212/97.

Beschränkungen finden erforderlichenfalls nur im Interesse von Dritten oder Minderheitsanteilseignern Anwendung.

Jeder Anteilsbesitz ist in der *Liste der Anteilseigner* zu registrieren, die vom Leitungsorgan der SPE zu erstellen und zu führen ist. Sofern nicht anders nachgewiesen, dient diese Liste als Nachweis des Anteilsbesitzes. Anteilseigner oder Dritte können diese Liste auf Anfrage einsehen.

Die Bedingungen für die *Übertragung von Anteilen* sind in der Satzung festzulegen. Jede neue Beschränkung oder jedes neue Verbot von Übertragungen erfordert einen qualifizierten Mehrheitsbeschluss (Artikel 27). Zum Schutz der Interessen von Minderheitsanteilseignern macht ein solcher Beschluss die Zustimmung jedes von der Beschränkung oder dem Verbot betroffenen Anteilseigners erforderlich.

Durch die Verordnung erhalten die Anteilseigner nicht das Recht, Minderheitsanteilseigner zu *verdrängen*. Auch sind die Mehrheitsanteilseigner oder die SPE nicht gezwungen, die Anteile der Minderheitsanteilseigner zu übernehmen (*Ausverkaufsrecht*). Derartige Bestimmungen können in die Satzung aufgenommen werden. Allerdings gestattet die Verordnung unter bestimmten Umständen sowohl den Ausschluss oder das Ausscheiden eines Anteilseigners.

Kapitel IV: Kapital

Um Neugründungen zu erleichtern, legt die Verordnung die *Mindestkapital*anforderung auf 1 Euro fest. Der Vorschlag weicht von dem üblichen Ansatz ab, der die Anforderung eines hohen gesetzlichen Mindestkapitals als Mittel des Gläubigerschutzes betrachtet. Aus Studien geht hervor, dass die Gläubiger heutzutage auf andere Gesichtspunkte als das Kapital schauen, wie z.B. den Cashflow, die für die Solvenz relevanter sind. Mitglieder der Unternehmensleitung von kleinen Unternehmen, die gleichzeitig Anteilseigner sind, bieten ihren Gläubigern (z.B. Banken) oftmals persönliche Garantien und Lieferanten verwenden ebenfalls andere Methoden zur Absicherung ihrer Forderungen, z.B. Übertragung des Eigentums von Waren erst bei ihrer Bezahlung. Außerdem haben die Unternehmen je nach ihrer Tätigkeit einen unterschiedlichen Kapitalbedarf und deshalb ist es unmöglich, für alle Unternehmen ein angemessenes Kapital festzulegen. Die Anteilseigner eines Unternehmens sind am Besten platziert, um den Kapitalbedarf für ihre Geschäftstätigkeit zu bestimmen.

Mit der Verordnung wird nicht das Recht der Anteilseigner eingeschränkt, darüber zu befinden, welche Art von *Entgelt* für die Anteile bei der Gründung der SPE oder bei einer Kapitalerhöhung zu leisten ist. Folglich ist in der Satzung festzulegen, ob die Gründer Bar- oder Sacheinlagen zu leisten haben. Es steht ihnen frei, darüber zu entscheiden, welches Eigentum, welche Rechte, Dienstleistungen usw. als Entgelt für die Anteile akzeptiert werden und wann sie zu zahlen oder bereit zu stellen sind. Auch ist in der Satzung festzuschreiben, ob eine Bewertung der Sacheinlage durch einen Sachverständigen zu erfolgen hat oder nicht. Gemäß den nationalen Rechtsvorschriften haften die Anteilseigner für ihr Entgelt.

Die Verordnung enthält einheitliche Regeln für die *Ausschüttungen* (z.B. Dividenden, Kauf von eigenen Anteilen der SPE, Schuldenaufnahme), die in Bezug auf die Vermögenswerte der SPE an die Anteilseigner vorgenommen werden. Eine Ausschüttung kann nur dann vorgenommen werden, wenn die SPE dem Bilanztest genügt, d.h. nach der Ausschüttung decken ihre Vermögenswerte ihre Schulden voll ab. Im Vorschlag wird keine Begriffsbestimmung von „Vermögenswerten" und „Schulden" vorgenommen. Diesbezüglich gelten vielmehr die einschlägigen Rechnungslegungsvorschriften (d.h. Vierte Richtlinie (78/660/EWG) oder Verordnung (EG) Nr. 1606/2002).

Da die Vorbereitung eines Solvenztests für die Ausschüttungen derzeit nur in wenigen Mitgliedstaaten besteht, macht dieser Vorschlag sie für die SPE auch nicht verbindlich. Dennoch gestattet er den Anteilseignern ausdrücklich die Festschreibung eines Solvenztests in der Satzung, und zwar zusätzlich zu dem von der Verordnung geforderten Bilanztest. Wenn die Anteilseigner das Leitungsorgan auffordern, eine Solvenzbescheinigung vor der Ausschüttung zu unterzeichnen, haben sie auch die damit verbundenen Anforderungen zu definieren (z. B. Gründe und Kriterien) und die Bescheinigung ist zu veröffentlichen.

Zum Schutz des Gesellschaftsvermögens kann die SPE dem Vorschlag zufolge unter bestimmten Bedingungen ihre eigenen Anteile erwerben. Vor dem Erwerb ihrer eigenen Anteile muss die SPE einen Bilanztest durchführen sowie einen Solvenztest, sofern dieser in der Satzung vorgeschrieben ist. Die Anteilseigner entscheiden über den Erwerb. Die an die jeweiligen Anteile gebundenen nicht geldlichen Rechte (vor allem Stimm- und Bezugsrechte) werden ausgesetzt. In der Satzung können zusätzliche Bedingungen und weitere Beschränkungen festgelegt werden.

Kapitel V: Aufbau der SPE

Vorbehaltlich der Verordnung haben die Anteilseigner der SPE bei der Festlegung des Aufbaus der SPE einen großen Spielraum. Artikel 27 enthält eine nicht erschöpfende Liste der *von den Anteilseignern zu fassenden Beschlüsse*. Im Sinne von Artikel 27 muss die Satzung die erforderliche Mehrheit und die Beschlussfähigkeit festlegen. Dieser Artikel sieht nämlich vor, dass einige dieser Beschlüsse mit qualifizierter Mehrheit zu fassen sind (d.h. mindestens 2/3 der Stimmrechte der SPE, aber die Satzung kann auch eine größere Mehrheit vorschreiben, z.B. ¾).

Es besteht keine Pflicht, dass die Anteilseigner auf Hauptversammlungen physisch anwesend sein müssen. In der Satzung ist jedoch die Beschlussfassungsmethode der Anteilseigner festzulegen. Hinsichtlich der Geschäftstätigkeit der SPE haben die Anteilseigner große Informationsrechte. Ihr Recht auf kollektive Beschlüsse unterliegt dem nationalen Recht.

Die Verordnung sieht zwei spezifische Minderheitsrechte für die Anteilseigner vor: das Recht auf Fassung von Beschlüssen der Anteilseigner und das Recht auf Bestellung eines unabhängigen Sachverständigen (insbesondere eines unabhängigen Wirtschaftsprüfers) durch das zuständige Gericht bzw. die zuständige Verwaltungsbehörde.

Sämtliche nicht in der Verordnung oder in der Satzung genannten Beschlüsse fallen in die Zuständigkeit des *Leitungsorgans* der SPE, das für die Geschäftsführung zuständig ist. Die Satzung legt die Managementstruktur der SPE fest (ein oder mehrere Mitglieder der Unternehmensleitung, monistisches oder dualistisches System). Wird in der SPE jedoch Arbeitnehmermitbestimmung praktiziert, muss die gewählte Managementstruktur die Ausübung dieses Rechts ermöglichen.

Die Anteilseigner der SPE entscheiden über die Ernennung und Entlassung von Mitgliedern der Unternehmensleitung. In der Satzung sind die Laufzeit der Mandate der Mitglieder der Unternehmensleitung und etwaige Auswahlkriterien festzulegen. Die Verordnung untersagt jedem, der in einem Mitgliedstaat für die Ausübung der Aufgabe eines Mitglieds der

Unternehmensleitung als ungeeignet erklärt wurde, als Mitglied der Unternehmensleitung einer SPE tätig zu werden.

Die Verordnung schreibt den Mitgliedern der Unternehmensleitung vor, im bestmöglichen Interesse des Unternehmens zu handeln. Folglich stehen die *Mitglieder der Unternehmensleitung der SPE gegenüber in der Pflicht* und ihre Verpflichtungen können nur seitens des Unternehmens rechtlich durchgesetzt werden. Die Verordnung verleiht einzelnen Anteilseignern oder Gläubigern nicht das Recht, die Mitglieder des Leitungsorgans direkt zu verklagen.

Indem von den Mitgliedern der Unternehmensleitung verlangt wird, mit der Sorgfalt und der Eignung, die vernünftigerweise für die Ausübung der Tätigkeit gefordert werden können, zu handeln, schreibt die Verordnung eine allgemeine Sorgfaltspflicht vor. Die nationalen Gerichte können diese Bestimmung interpretieren. Während in der Verordnung auch die wichtigsten spezifischen Pflichten der Mitglieder der Unternehmensleitung (z.B. Vorschlag von Ausschüttungen) vorgeschrieben werden, können in der Satzung noch weitere Pflichten verankert werden. Die Mitglieder der Unternehmensleitung sind gehalten, jeglichen aktuellen oder potenziellen Interessenkonflikt zu vermeiden. In der Satzung können jedoch Situationen vorgesehen werden, in denen derartige Konflikte zulässig sind.

Die Verordnung sieht die *Haftung der Mitglieder der Unternehmensleitung* für jeglichen Verlust oder Schaden vor, den eine SPE aufgrund der Nichterfüllung ihrer Verpflichtungen erleidet, die in der Verordnung, der Satzung oder in einem Beschluss der Anteilseigner festgeschrieben sind. Andere Aspekte der Haftung, z. B. die Folgen der Nichterfüllung der Pflichten oder ein jegliches Urteil über das Geschäftsgebaren, unterliegen dem nationalen Recht.

Kapitel VI: Arbeitnehmermitbestimmung

Die Arbeitnehmermitbestimmung in kleinen Unternehmen besteht in nur wenigen Mitgliedstaaten (z.B. Schweden und Dänemark).

Generell gilt das aus der Richtlinie über die Verschmelzung von Kapitalgesellschaften (2005/56/EG) herrührende Prinzip, dass die SPE den Arbeitnehmermitbestimmungsregeln des Mitgliedstaats unterliegt, in dem sie ihren eingetragenen Sitz hat. Diesbezüglich wird die SPE also ebenso attraktiv sein wie vergleichbare inländische Unternehmen.

Grenzübergreifende Fusionen mit SPEs fallen unter die zuvor genannte Richtlinie. Im Falle der Verlegung des eingetragenen Sitzes einer SPE sind jedoch spezielle Bestimmungen erforderlich.

Kapitel VII: Verlegung des eingetragenen Sitzes der SPE

Unter Wahrung ihrer Rechtspersönlichkeit und ohne Zwang zu einer Auflösung der Gesellschaft kann eine SPE ihren eingetragenen Sitz in einen anderen Mitgliedstaat verlegen. Zum Schutz der Interessen Dritter gestattet die Verordnung keine Verlegung des eingetragenen Sitzes einer SPE während einer Auflösung, einer Liquidation oder ähnlichen Verfahren.

Das Verlegungsverfahren richtet sich nach den Bestimmungen für die Verlegung des eingetragenen Sitzes der SE-Verordnung.

[10]

Die Verordnung sieht eine besondere Regelung für den Fall vor, in dem eine SPE, die die Arbeitnehmermitbestimmung praktiziert, ihren eingetragenen Sitz in einen anderen Mitgliedstaat verlegt, in dem keine Arbeitnehmermitbestimmung existiert oder nur ein niedrigeres Niveau an Arbeitnehmermitbestimmungsrechten vorhanden ist oder in dem nicht vorgesehen ist, dass Arbeitnehmer von Niederlassungen einer SPE in anderen Mitgliedstaaten das gleiche Recht auf Ausübung dieser Arbeitnehmermitbestimmungsrechte wie vor der Sitzverlegung haben. In solchen Fällen, in denen mindestens ein Drittel der SPE-Arbeitnehmer im Herkunftsmitgliedstaat beschäftigt sind, müssen Verhandlungen zwischen dem Leitungsorgan und den Arbeitnehmervertretern stattfinden, um eine Vereinbarung über die Mitbestimmung der Arbeitnehmer zu erzielen. Sollte keine Einigung erzielt werden, werden die Vereinbarungen über die Mitbestimmung im Herkunftsmitgliedstaat beibehalten.

Kapitel VIII: Umstrukturierung, Auflösung und Ungültigkeit

Der Verordnung zufolge unterliegt die Auflösung oder die Umwandlung einer SPE in eine nationale Gesellschaftsform dem nationalen Recht. Zudem kann die SPE mit anderen Unternehmen verschmelzen oder aufgespalten werden. Diese Verfahren haben gemäß den für Gesellschaften mit beschränkter Haftung geltenden Regeln zu erfolgen.

Kapitel IX: Zusätzliche Bestimmungen und Übergangsbestimmungen

Artikel 42 gestattet den SPE, die in einem Mitgliedstaat außerhalb der Eurozone registriert sind, ihr Kapital und ihre Abschlüsse in der nationalen Währung dieses Mitgliedstaats offen zu legen. Dennoch kann eine solche SPE ihr Kapital und/oder ihre Abschlüsse auch in Euro offen legen.

Kapitel X: Schlussbestimmungen

Die Verordnung schreibt die Annahme bestimmter Vorschriften durch die Mitgliedstaaten vor. So sind insbesondere die Verfahrensvorschriften für die Registrierung, die Verlegung des eingetragenen Sitzes der SPE und Sanktionen für den Verstoß gegen die Verordnung und die Satzung zu verabschieden.

2008/xxxx (CNS)

Vorschlag für eine

VERORDNUNG DES RATES

über das Statut der Europäischen Privatgesellschaft

(Text von Bedeutung für den EWR)

DER RAT DER EUROPÄISCHEN UNION -

gestützt auf den Vertrag zur Gründung der Europäischen Gemeinschaft, insbesondere auf Artikel 308,

auf Vorschlag der Kommission[15],

nach Stellungnahme des Europäischen Parlaments[16],

nach Stellungnahme des Europäischen Wirtschafts- und Sozialausschusses[17],

in Erwägung nachstehender Gründe:

(1)   Die rechtlichen Rahmenbedingungen für Unternehmen in der Gemeinschaft sind nach wie vor weitgehend innerstaatlich bestimmt. Die Unternehmen sehen sich dadurch einer Vielzahl nationaler Rechtsvorschriften, Gesellschaftsformen und Unternehmensverfassungen gegenüber. Einige dieser Schwierigkeiten lassen sich durch eine Angleichung der nationalen Rechtsvorschriften durch Richtlinien nach Artikel 44 EG-Vertrag beseitigen. Eine solche Angleichung enthebt die Unternehmensgründer allerdings nicht der Pflicht, bei jeder Gründung eine Gesellschaftsform nach dem Recht des betreffenden Mitgliedstaats zu wählen.

(2)   Die derzeitigen Gesellschaftsformen nach europäischem Recht, insbesondere die Europäische Gesellschaft (SE), die durch die Verordnung (EG) Nr. 2157/2001 des Rates vom 8. Oktober 2001 über das Statut der Europäischen Gesellschaft[18] geschaffen wurde, sind auf große Unternehmen zugeschnitten. Aufgrund der Mindestkapitalanforderungen für eine Europäische Gesellschaft und der Einschränkungen für ihre Gründung ist diese Form von Gesellschaft für viele Unternehmen, insbesondere für Kleinunternehmen, nicht geeignet. Angesichts der Probleme, die diesen Unternehmen aus der Vielzahl unterschiedlicher gesellschaftsrechtlicher Regelungen und der mangelnden Eignung der SE für kleine Unternehmen erwachsen, sollte eine speziell auf Kleinunternehmen zugeschnittene

[12]

---

[15]   ABl. C […] vom […], S. […].
[16]   Abl. C […] vom […], S. […].
[17]   Abl. C […] vom […], S. […].
[18]   Abl. L 294 vom 10.11.2001, S. 1. Zuletzt geändert durch die Verordnung (EG) Nr. 1791/2006 (Abl. L 363 vom 20.12.2006, S. 1).

europäische Gesellschaft geschaffen werden, die gemeinschaftsweit gegründet werden kann.

(3) Da eine solche gemeinschaftsweit gründbare Privatgesellschaft (nachstehend „SPE") für Kleinunternehmen bestimmt ist, sollte die Rechtsform gemeinschaftsweit so einheitlich wie möglich sein und sollten möglichst viele Punkte der Vertragsfreiheit der Anteilseigner überlassen bleiben, während gleichzeitig für Anteilseigner, Gläubiger, Beschäftigte und Dritte ein hohes Maß an Rechtssicherheit gewährleistet wird. Da den Anteilseignern für die interne Organisation der SPE ein hohes Maß an Flexibilität und Freiheit einzuräumen ist, sollte der private Charakter der Gesellschaft auch dadurch zum Ausdruck gebracht werden, dass ihre Anteile weder öffentlich angeboten noch am Kapitalmarkt gehandelt werden dürfen, worunter auch die Zulassung zum Handel oder die Notierung an einem geregelten Markt fällt.

(4) Damit die Unternehmen von sämtlichen Vorteilen des Binnenmarkts profitieren können, sollte eine SPE ihren Sitz und ihre Hauptniederlassung in unterschiedlichen Mitgliedstaaten haben und ihren Sitz von einem Mitgliedstaat in einen anderen verlagern können, ohne unbedingt auch die Hauptverwaltung oder die Hauptniederlassung verlegen zu müssen.

(5) Um den Unternehmen Effizienzgewinne und Kosteneinsparungen zu ermöglichen, sollte eine SPE in jedem Mitgliedstaat gegründet werden können, wobei es bei der Gesellschaftsform so wenig Abweichungen wie möglich geben sollte.

(6) Um für die SPE ein hohes Maß an Einheitlichkeit zu gewährleisten, sollten möglichst viele mit der Gesellschaftsform zusammenhängende Punkte unter diese Verordnung fallen und entweder durch materiellrechtliche Vorschriften geregelt oder in der Satzung der SPE verwiesen werden. Im Anhang zu dieser Verordnung sollte deshalb eine Liste all der Punkte zusammengestellt werden, für die die Anteilseigner der SPE in der Satzung Regelungen treffen müssen. Für diese Punkte sollte nur das Gemeinschaftsrecht gelten, damit die Anteilseigner hier andere Regelungen treffen können als das Recht des Mitgliedstaats, in der die SPE ihren Sitz hat, für Privatgesellschaften mit beschränkter Haftung vorsieht. Das innerstaatliche Recht sollte für all die Punkte gelten, für die die Verordnung dies vorsieht, sowie alle Bereiche, die nicht von dieser Verordnung abgedeckt werden, wie Insolvenz, Beschäftigung und Steuern, oder nicht durch sie an die Satzung verwiesen wurden.

(7) Um die SPE als Gesellschaftsform für natürliche Personen und Kleinunternehmen zugänglich zu machen, sollte sie *ex nihilo* gegründet werden oder aus einer Umwandlung, Verschmelzung oder Spaltung bestehender nationaler Gesellschaften hervorgehen können. Die Gründung einer SPE durch Umwandlung, Verschmelzung oder Spaltung von Gesellschaften sollte dem anwendbaren innerstaatlichen Recht unterliegen.

(8) Um die mit der Eintragung einer Gesellschaft verbundenen Kosten und den damit zusammenhängenden Verwaltungsaufwand zu verringern, sollten die Eintragungsformalitäten auf das zur Gewährleistung von Rechtssicherheit erforderliche Maß beschränkt werden und sollte die Gültigkeit der bei Gründung einer SPE vorzulegenden Dokumente einer einzigen Prüfung unterzogen werden, die vor oder nach der Eintragung stattfinden kann. Die Eintragung sollte in einem der Register erfolgen, die im Rahmen der Ersten Richtlinie des Rates vom 9. März 1968 zur

[13]

Koordinierung der Schutzbestimmungen, die in den Mitgliedstaaten den Gesellschaften im Sinne des Artikels 58 Absatz 2 des Vertrages im Interesse der Gesellschafter sowie Dritter vorgeschrieben sind, um diese Bestimmungen gleichwertig zu gestalten (68/151/EWG)[19], bestimmt wurden.

(9) Da Kleinunternehmen häufig ein langfristiges finanzielles und persönliches Engagement erfordern, sollten sie die Struktur ihres Gesellschaftskapitals und die mit den Anteilen verbundenen Rechte an ihre speziellen Bedürfnisse anpassen können. Die Anteilseigner einer SPE sollten deshalb selbst darüber bestimmen können, welche Rechte mit ihren Anteilen verbunden sind, wie bei einer Änderung dieser Rechte und bei einer Anteilsübertragung zu verfahren ist und ob eine solche Übertragung beschränkt werden soll.

(10) Um die Fortführung der Geschäftstätigkeit einer SPE nicht zu gefährden bzw. die Freiheit der Anteilseigner zu gewährleisten, sollte eine SPE die Möglichkeit haben, Anteilseigner, die ihre Interessen schwer schädigen unter Beschreitung des Rechtsweges auszuschließen und sollten Anteilseigner, deren Interessen infolge bestimmter Ereignisse schwer geschädigt wurden, das Recht haben, aus der SPE auszuscheiden.

(11) Eine SPE sollte keinen hohen Mindestkapitalanforderungen unterworfen werden, da dies die Gründung solcher Gesellschaften behindern würde. Allerdings sollten die Gläubiger vor unverhältnismäßig hohen Ausschüttungen an die Anteilseigner geschützt werden, die die Fähigkeit der SPE zur Rückzahlung ihrer Schulden beeinträchtigen könnten. Aus diesem Grund sollten Ausschüttungen untersagt werden, in deren Folge die Schulden der SPE den Wert ihrer Vermögenswerte übersteigen. Den Anteilseignern sollte es allerdings auch freistehen, vom Leitungsorgan der SPE eine unterzeichnete Solvenzbescheinigung zu verlangen.

(12) Da die Gläubiger im Falle einer Herabsetzung des Kapitals der SPE geschützt sein sollten, sollte in gewissem Umfang festgelegt werden, wann eine solche Herabsetzung wirksam wird.

(13) Da Kleinunternehmen eine rechtliche Struktur benötigen, die ihren Bedürfnissen und ihrer Größe angepasst werden kann und die sich bei expandierender Geschäftstätigkeit mitentwickelt, sollten die Anteilseigner einer SPE in ihrer Satzung selbst bestimmen können, welche interne Organisation ihren Bedürfnissen am besten gerecht wird. So kann eine SPE sich für ein oder mehrere geschäftsführende Mitglieder der Unternehmensleitung oder für eine monistische oder dualistische Unternehmensverfassung entscheiden. Doch sollte die Satzung verbindliche Vorschriften zum Schutz der Inhaber von Minderheitsbeteiligungen enthalten, um eine unfaire Behandlung dieser Anteilseigner zu vermeiden; so sollten insbesondere bestimmte grundlegende Beschlüsse mit einer Mehrheit von mindestens zwei Dritteln der stimmberechtigten Anteile der SPE gefasst werden. Auch wenn in Bezug auf das Recht auf Beantragung eines Beschlusses oder auf Bestellung eines unabhängigen Sachverständigen zur Untersuchung von Missbräuchen eine Schwelle eingeführt werden kann, darf dieses Recht nicht an den Besitz von mehr als 5 % der Stimmrechte

[14]

---

[19] ABl. L 65 vom 14.3.1968, S. 8. Zuletzt geändert durch die Richtlinie 2006/99/EG (Abl. L 363 vom 20.12.2006, S. 137).

der SPE geknüpft werden, wenngleich die Satzung der SPE eine niedrigere Schwelle vorsehen kann.

(14) Bei Verlegung des Sitzes einer SPE in einen anderen Mitgliedstaat sollten die zuständigen nationalen Behörden die vollständige Durchführung und Rechtmäßigkeit dieser Sitzverlegung kontrollieren. Es sollte sichergestellt sein, dass Anteilseigner, Gläubiger und Arbeitnehmer rechtzeitig Kenntnis von der vorgeschlagenen Verlegung und dem Bericht des Leitungsorgans erhalten.

(15) Für die Arbeitnehmermitbestimmung sollte das Recht des Mitgliedstaats gelten, in dem die SPE ihren Sitz hat („Herkunftsmitgliedstaat"). Eine SPE sollte nicht zur Umgehung solcher Rechte missbraucht werden. Sehen die innerstaatlichen Rechtsvorschriften des Mitgliedstaats, in den die SPE ihren Sitz verlegt, nicht mindestens das gleiche Maß an Arbeitnehmermitbestimmung vor wie der Herkunftsmitgliedstaat, sollte darüber nach der Sitzverlegung unter bestimmten Umständen verhandelt werden. Bei Scheitern dieser Verhandlungen sollten die vor der Sitzverlegung im Unternehmen geltenden Bestimmungen auch nach der Verlegung weiter gelten.

(16) Andere Arbeitnehmerrechte als das Mitbestimmungsrecht sollten auch weiterhin unter die Richtlinie 94/45/EG des Rates vom 22. September 1994 über die Einsetzung eines Europäischen Betriebsrats oder die Schaffung eines Verfahrens zur Unterrichtung und Anhörung der Arbeitnehmer in gemeinschaftsweit operierenden Unternehmen und Unternehmensgruppen[20], die Richtlinie 98/59/EG des Rates vom 20. Juli 1998 zur Angleichung der Rechtsvorschriften der Mitgliedstaaten über Massenentlassungen[21], die Richtlinie 2001/23/EG des Rates vom 12. März 2001 zur Angleichung der Rechtsvorschriften der Mitgliedstaaten über die Wahrung von Ansprüchen der Arbeitnehmer beim Übergang von Unternehmen, Betrieben oder Unternehmens- oder Betriebsteilen[22] und die Richtlinie 2002/14/EG des Europäischen Parlaments und des Rates vom 11. März 2002 zur Festlegung eines allgemeinen Rahmens für die Unterrichtung und Anhörung der Arbeitnehmer in der Europäischen Gemeinschaft[23] fallen.

(17) Die Mitgliedstaaten sollten festlegen, welche Sanktionen bei Verstößen gegen diese Verordnung verhängt werden können und deren Anwendung gewährleisten, was auch Verstöße gegen die Verpflichtung einschließt, in der Satzung der SPE die in dieser Verordnung vorgeschriebenen Punkte zu regeln. Diese Sanktionen müssen wirksam, verhältnismäßig und abschreckend sein.

(18) Der EG-Vertrag sieht für den Erlass dieser Verordnung nur die in Artikel 308 genannten Befugnisse vor.

(19) Da sich die Ziele der beabsichtigten Maßnahme von den Mitgliedstaaten nicht ausreichend verwirklichen lassen, weil es um die Schaffung einer Gesellschaftsform mit gemeinschaftsweit einheitlichen Merkmalen geht, und wegen des Umfangs und

[15]

---

[20] ABl. L 254 vom 30.9.1994, S. 64. Zuletzt geändert durch die Richtlinie 2006/109/EG (ABl. L 363 vom 20.12.2006, S. 416).
[21] Abl. L 225 vom 12.8.1998, S. 16.
[22] Abl. L 82 vom 22.3.2001, S. 16.
[23] Abl. L 80 vom 23.3.2002, S. 29.

Der Wirkungen der Maßnahme daher besser auf Gemeinschaftsebene zu erreichen sind, kann die Gemeinschaft im Einklang mit dem in Artikel 5 EG-Vertrag niedergelegten Subsidiaritätsprinzip tätig werden. Entsprechend dem in demselben Artikel genannten Verhältnismäßigkeitsprinzip geht diese Verordnung nicht über das für die Erreichung dieser Ziele erforderliche Maß hinaus.

HAT FOLGENDE VERORDNUNG ERLASSEN:

KAPITEL I ALLGEMEINE BESTIMMUNGEN

Artikel 1
Gegenstand

In dieser Verordnung werden die Bedingungen für Gründung und Betrieb von Gesellschaften in Form der Europäischen Privatgesellschaft mit beschränkter Haftung (Societas Privata Europaea, nachstehend „SPE") in der Gemeinschaft festgelegt.

Artikel 2
Begriffsbestimmungen

(f) Für die Zwecke dieser Verordnung gelten folgende Begriffsbestimmungen:

(a) „Anteilseigner" ist der Gründungsgesellschafter sowie jede andere Person, deren Name gemäß den Artikeln 15 und 16 in das Verzeichnis der Anteilseigner aufgenommen wird.

(b) „Ausschüttung" ist jeder finanzielle Vorteil, den ein Anteilseigner aufgrund der von ihm gehaltenen Anteile direkt oder indirekt aus der SPE zieht, einschließlich einer etwaigen Übertragung von Geld oder Immobilien sowie das Eingehen einer Schuld.

€ „Mitglied der Unternehmensleitung" ist jedes geschäftsführende Mitglied der Unternehmensleitung und jedes Mitglied des Leitungs-, Verwaltungs- oder Aufsichtsorgans einer SPE.

(d) „Leitungsorgan" ist ein aus einem oder mehreren geschäftsführenden Mitgliedern der Unternehmensleitung bestehendes Leitungsgremium (dualistisches System) oder Verwaltungsgremium (monistisches System), das laut Satzung der SPE für die Leitung der SPE zuständig ist.

€ „Aufsichtsorgan" ist das Aufsichtsgremium (dualistisches System), das laut Satzung der SPE für die Beaufsichtigung des Leitungsorgans zuständig ist.

(f) „Herkunftsmitgliedstaat" ist der Mitgliedstaat, in dem die SPE unmittelbar vor Verlegung ihres eingetragenen Sitzes in einen anderen Mitgliedstaat ihren Sitz hat.

[16]

1. „Aufnahmemitgliedstaat" ist der Mitgliedstaat, in den der eingetragene Sitz der SPE verlegt wird.

2. Ausschüttungen im Sinne von Absatz 1 Buchstabe b können durch Immobilienerwerb, durch Rücknahme von Anteilen oder durch eine andere Art des Anteilserwerbs sowie auf jedem anderen beliebigen Wege erfolgen.

Artikel 3
Voraussetzungen für die Gründung einer SPE

1. Eine SPE erfüllt folgende Voraussetzungen:

   (a) ihr Kapital ist in Anteile zerlegt,

   (b) ihre Anteilseigner haften nur bis zur Höhe des Kapitals, das sie gezeichnet haben oder zu dessen Zeichnung sie sich bereiterklärt haben,

   € sie besitzt Rechtspersönlichkeit,

   (d) ihre Anteile werden weder öffentlich angeboten noch öffentlich gehandelt,

   € sie kann von einer oder mehreren natürlichen und/oder juristischen Personen, nachstehend „Gründungsgesellschafter", errichtet werden.

2. Für die Zwecke des Absatzes 1 Buchstabe d gelten Anteile als „öffentlich angeboten", wenn in beliebiger Form und auf beliebigem Wege eine Mitteilung an Personen gerichtet wird, die so viele Informationen über die Bedingungen des Angebots und die anzudienenden Anteile enthält, dass ein Anleger in der Lage ist, über Erwerb oder Zeichnung dieser Anteile zu entscheiden, was auch dann gilt, wenn Anteile durch Finanzintermediäre platziert werden.

3. Für die Zwecke des Absatzes 1 Buchstabe e sind „juristische Personen" alle Gesellschaften im Sinne von Artikel 48 Absatz 2 EG-Vertrag, Europäische Aktiengesellschaften im Sinne der Verordnung (EG) Nr. 2001/2157 des Rates, nachstehend „Europäische Gesellschaft", Europäische Genossenschaften im Sinne der Verordnung (EG) Nr. 1435/2003 des Rates, Europäische wirtschaftliche Interessenvereinigungen im Sinne der Verordnung (EWG) des Rates Nr. 2137/85 und SPEs.

Artikel 4
Auf eine SPE anwendbare Bestimmungen

1. Für eine SPE gelten die Bestimmungen dieser Verordnung und für die in Anhang I genannten Punkte die Bestimmungen ihrer Satzung.

   Ist ein Punkt nicht durch die Artikel oder durch Anhang I dieser Verordnung abgedeckt, so gelten die Rechtsvorschriften, die der Mitgliedstaat, in dem die SPE ihren Sitz hat, für Privatgesellschaften mit beschränkter Haftung erlassen hat, einschließlich der Vorschriften zur Umsetzung des Gemeinschaftsrechts, nachstehend „anwendbares Recht" genannt.

[17]

KAPITEL II
GRÜNDUNG

Artikel 5
Gründungsmöglichkeiten

2. Die Mitgliedstaaten lassen für die Gründung einer SPE die folgenden Möglichkeiten zu:

    (a)   die Gründung einer SPE gemäß dieser Verordnung,

    (b)   die Umwandlung einer bestehenden Gesellschaft,

    (c)   die Verschmelzung bestehender Gesellschaften,

    (d)   die Spaltung einer bestehenden Gesellschaft.

2. Wird eine SPE durch Umwandlung, Verschmelzung oder Spaltung bestehender Gesellschaften gegründet, so gilt das innerstaatliche Recht, das auf die umwandelnde Gesellschaft, auf jede der verschmelzenden Gesellschaften oder auf die sich spaltende Gesellschaft anwendbar ist. Eine Gründung durch Umwandlung hat weder die Auflösung der Gesellschaft noch den Verlust oder eine Unterbrechung ihrer Rechtspersönlichkeit zur Folge.

3. Für die Zwecke der Absätze 1 und 2 ist eine „Gesellschaft" jede Form von Gesellschaft, die nach innerstaatlichem Recht der Mitgliedstaaten gegründet werden kann, eine Europäische Gesellschaft oder gegebenenfalls eine SPE.

Artikel 6
Name der Gesellschaft

Auf den Namen der SPE folgt der Zusatz „SPE".

Der Namenszusatz „SPE" ist ausschließlich SPEs vorbehalten.

Artikel 7
Gesellschaftssitz

Eine SPE hat ihren Sitz und ihre Hauptverwaltung oder Hauptniederlassung in der Gemeinschaft.

Die Hauptverwaltung oder Hauptniederlassung einer SPE muss sich nicht im gleichen Mitgliedstaat befinden wie ihr eingetragener Sitz.

[18]

Artikel 8
Satzung

(b)   Eine SPE verfügt über eine Satzung, die zumindest die in Anhang I dieser Verordnung genannten Punkte regelt.

2.   Die Satzung einer SPE liegt in schriftlicher Form vor und ist von allen Gründungsgesellschaftern unterzeichnet.

(b)   Satzung und sämtliche Änderungen können wie folgt geltend gemacht werden:

(b) gegenüber den Anteilseignern, dem Leitungsorgan sowie gegebenenfalls dem Aufsichtsorgan der SPE ab dem Tag ihrer Unterzeichnung bzw. Annahme, wenn es sich um eine Änderung handelt;

(b)   gegenüber Dritten gemäß der Bestimmungen der anwendbaren innerstaatlichen Rechtsvorschriften zur Umsetzung von Artikel 3 Absätze 5, 6 und 7 der Richtlinie 68/151/EWG.

Artikel 9
Eintragung

1.   Jede SPE wird in dem Mitgliedstaat, in dem sie ihren Sitz hat, in das gemäß Artikel 3 der Richtlinie 68/151/EWG[24] durch innerstaatliche Rechtsvorschriften bestimmte Register eingetragen.

(b) Die SPE erlangt ihre Rechtspersönlichkeit am Tag ihrer Eintragung in das Register.

(b) Bei einer Verschmelzung durch Aufnahme nimmt die aufnehmende Gesellschaft an dem Tag, an dem die Verschmelzung eingetragen wird, die Form einer SPE an.

Bei einer Spaltung durch Übernahme nimmt die übernehmende Gesellschaft an dem Tag, an dem die Spaltung eingetragen wird, die Form einer SPE an.

Artikel 10
Formalitäten für die Eintragung

1.   Der Antrag auf Eintragung wird von den Gründungsgesellschaftern oder einer von ihnen bevollmächtigten Person gestellt. Die Antragstellung kann elektronisch erfolgen.

(b) Die Mitgliedstaaten können für einen Antrag auf Eintragung einer SPE nur folgende
Angaben und Dokumente verlangen:

(b)   den Namen der SPE und die Anschrift ihres Sitzes,

(b)   die Namen, Anschriften und alle weiteren Informationen, die zur Feststellung der Personen erforderlich sind, die befugt sind, die SPE gegenüber Dritten und
[19]

---

24   ABl. L 65 vom 14.3.1968, S. 8.

Vor Gericht zu vertreten, oder die an der Führung, Beaufsichtigung oder Kontrolle der SPE beteiligt sind,

€ das Gesellschaftskapital der SPE,

(d) die Anteilskategorien und die Zahl der Anteile in den einzelnen Klassen,

€ die Gesamtzahl der Anteile,

(f) den Nennwert oder den rechnerischen Pariwert der Anteile,

(g) die Satzung der SPE,

(h) in Fällen, in denen die SPE aus einer Umwandlung, Verschmelzung oder Spaltung von Gesellschaften hervorgegangen ist, den Umwandlungs-, Verschmelzungs- oder Spaltungsbeschluss, der zur Gründung der SPE geführt hat.

(a) Die in Absatz 2 genannten Dokumente und Angaben werden in der durch das anwendbare innerstaatliche Recht vorgeschriebenen Sprache geliefert.

(a) Die Eintragung einer SPE kann nur an eine der folgenden Bedingungen geknüpft werden:

(a) die Kontrolle der Rechtmäßigkeit der Dokumente und Angaben der SPE durch eine Justiz- oder Verwaltungsbehörde,

(b) die Beglaubigung der Dokumente und Angaben der SPE.

(a) Die SPE teilt dem Register jede Änderung der in Absatz 2 Buchstabe a bis g genannten Angaben oder Dokumente innerhalb von 14 Kalendertagen nach der betreffenden Änderung mit. Nach jeder Satzungsänderung übermittelt die SPE dem Register den ungekürzten Wortlaut der letzten Fassung.

6. Die Eintragung der SPE ist bekanntzugeben.

Artikel 11
Publikationspflichten

1. Die Veröffentlichung der nach dieser Verordnung offenzulegenden Dokumente und Angaben erfolgt gemäß der anwendbaren innerstaatlichen Vorschriften zur Umsetzung von Artikel 3 der Richtlinie 68/151/EWG.

(a) Briefbögen und Bestellformulare einer SPE - ob in Papier- oder elektronischer Form - sowie gegebenenfalls die Website der Gesellschaft enthalten folgende Angaben:

(a) die Informationen, die zur Feststellung des in Artikel 9 genannten Registers sowie der Registernummer der SPE erforderlich sind,

(b)   den Namen der SPE, die Anschrift ihres eingetragenen Sitzes sowie gegebenenfalls den Hinweis darauf, dass sich die Gesellschaft in Auflösung befindet.

Artikel 12
Haftung für Handlungen vor Eintragung einer SPE

Wurden vor der Eintragung einer SPE in ihrem Namen Handlungen ausgeführt, so kann sie nach ihrer Eintragung die aus diesen Handlungen resultierenden Verpflichtungen übernehmen. Tut die SPE dies nicht, haften die Personen, die die Handlungen ausgeführt haben, gesamtschuldnerisch in unbegrenzter Höhe.

Artikel 13
Zweigniederlassungen

Zweigniederlassungen einer SPE unterliegen den Rechtsvorschriften des Mitgliedstaats, in dem sich die jeweilige Zweigniederlassung befindet, einschließlich der einschlägigen Bestimmungen zur Umsetzung der Richtlinie 89/666/EWG des Rates[25].

KAPITEL III
ANTEILE

Artikel 14
Anteile

4.   Die Anteile der SPE werden in das Verzeichnis der Anteilseigner aufgenommen.

5.   Anteile, die mit den gleichen Rechten und Pflichten verbunden sind, bilden eine Kategorie.

3.   Um eine Satzungsänderung zu beschließen, mit der die mit einer Anteilsklasse verbundenen Rechte geändert werden (einschließlich aller Änderungen, mit denen das Verfahren zur Änderung der mit einer Anteilsklasse verbundenen Rechte abgeändert wird) muss vorbehaltlich des Artikels 27 eine Mehrheit von mindestens zwei Dritteln der gesamten Stimmrechte, die an die in dieser Kategorie ausgegebenen Anteile gebunden sind, dem Beschluss zustimmen.

6.   Befindet sich ein Anteil im Besitz mehrerer Personen, so werden diese als ein Anteilseigner der SPE betrachtet. Sie nehmen ihre Rechte über einen gemeinsamen Vertreter wahr, der in Ermangelung einer Mitteilung an die SPE derjenige ist, dessen Name im Verzeichnis der Anteilseigner für diesen Anteil als Erster genannt wird. Für die mit diesem Anteil verbundenen Verpflichtungen haften sie gesamtschuldnerisch.

[21]

---

[25]   ABl. L 395 vom 30.12.1989, S. 36.

Artikel 15
Verzeichnis der Anteilseigner

(a) Das Leitungsorgan erstellt ein Verzeichnis der Anteilseigner. Dieses Verzeichnis umfasst mindestens die folgenden Angaben:

  (a)   Name und Anschrift der einzelnen Anteilseigner,

  (a)   die Zahl der von dem jeweiligen Eigner gehaltenen Anteile einschließlich ihres Nennwerts und rechnerischen Pariwerts,

  (a)   €für den Fall, dass ein Anteil sich im Besitz mehrerer Personen befindet, Name und Anschrift der einzelnen Eigner und ihres gemeinsamen Vertreters,

  (a)   den Zeitpunkt des Anteilserwerbs,

  €   die Höhe jeder Bareinlage, die der betreffende Anteilseigner gegebenenfalls geleistet oder noch zu leisten hat,

  (f)   Wert und Art jeder Sacheinlage, die der betreffende Anteilseigner gegebenenfalls geleistet oder noch zu leisten hat,

  (a)   das Datum, ab dem ein Anteilseigner kein Eigner der SPE mehr ist.

  (a)   Das Verzeichnis der Anteilseigner stellt den Nachweis der Echtheit der in Absatz 1 Buchstaben a bis g genannten Angaben dar, sofern diese nicht anderweitig nachgewiesen ist.

  (a)   Das Verzeichnis der Anteilseigner samt aller Änderungen wird vom Leitungsorgan aufbewahrt und kann von den Anteilseignern oder Dritten auf Verlangen überprüft werden.

Artikel 16
Übertragung von Anteilen

1.   Vorbehaltlich des Artikels 27 kann ein Beschluss zur Einführung oder Änderung einer Beschränkung oder eines Verbots der Übertragung von Anteilen nur mit Zustimmung aller von dieser Einschränkung oder diesem Verbot betroffenen Anteilseigner gefasst werden.

  (a)   Alle Vereinbarungen über die Übertragung von Anteilen bedürfen der Schriftform.

  (a)   Wird dem Leitungsorgan eine Übertragung mitgeteilt, nimmt es den Anteilseigner umgehend in das in Artikel 15 genannte Verzeichnis auf, sofern diese Übertragung nach Maßgabe dieser Verordnung und der Satzung erfolgt ist und der Anteilseigner angemessen nachweist, dass er der rechtmäßige Eigentümer des Anteils ist.

4.   Vorbehaltlich des Absatzes 3 wird jede Übertragung wie folgt wirksam:

  (a)   in Bezug auf die SPE an dem Tag, an dem der Anteilseigner der SPE die Übertragung mitteilt,

4. in Bezug auf Dritte an dem Tag, an dem der Anteilseigner in das in Artikel 15 genannte Verzeichnis aufgenommen wird.

5. Eine Anteilsübertragung ist nur gültig, wenn sie mit dieser Verordnung und der Satzung in Einklang steht. Es gelten die Bestimmungen der anwendbaren innerstaatlichen Rechtsvorschriften zum Schutz von Personen, die Anteile in gutem Glauben erwerben.

Artikel 17
Ausschluss eines Anteilseigners

4. Aufgrund eines Beschlusses der Anteilseigner kann das zuständige Gericht auf Antrag der SPE den Ausschluss eines Anteilseigners anordnen, wenn dieser den Interessen der SPE schwer geschadet hat oder sein Verbleib als Anteilseigner der Geschäftstätigkeit der SPE abträglich ist. Ein entsprechender Antrag bei Gericht wird innerhalb von 60 Kalendertagen nach dem Beschluss der Anteilseigner gestellt.

2. Das Gericht entscheidet, ob als vorläufige Maßnahme die Stimm- und andere nicht geldliche Rechte dieses Anteilseigners bis zu einer endgültigen Entscheidung ausgesetzt werden sollten.

3. Ordnet das Gericht den Ausschluss eines Anteilseigners an, so entscheidet es, ob dessen Anteile von den anderen Anteilseignern und/oder der SPE selbst zu übernehmen sind sowie über den Preis der Anteile.

Artikel 18
Ausscheiden eines Anteilseigners

4. Ein Anteilseigner hat das Recht, aus der SPE auszuscheiden, wenn deren Geschäfte in einer Weise geführt werden oder wurden, die seinen Interessen aufgrund eines der nachstehenden Sachverhalte schwer schadet:

   4. der SPE wurde ein erheblicher Teil ihrer Vermögenswerte entzogen,

   (b) der eingetragene Sitz der SPE wurde in einen anderen Mitgliedstaat verlagert,

   (c) die Geschäftsbereiche der SPE haben sich erheblich verändert,

   (d) es wurden mindestens drei Jahre lang keine Dividenden ausgeschüttet, obwohl die Finanzlage der SPE eine solche Ausschüttung erlaubt hätte.

   4. Der Anteilseigner teilt der SPE sein Ausscheiden unter Angabe von Gründen schriftlich mit.

   4. Nach Erhalt der in Absatz 2 genannten Mitteilung beantragt das Leitungsorgan der SPE umgehend einen Beschluss der Anteilseigner über die Übernahme der Anteile dieses Anteilseigners durch die anderen Anteilseigner oder die SPE selbst.

4. Wenn die Anteilseigner der SPE innerhalb von 30 Kalendertagen nach Übermittlung der in Absatz 2 genannten Mitteilung keinen Beschluss gemäß Absatz 3 fassen oder

die vom Anteilseigner für sein Ausscheiden genannten Gründe nicht akzeptieren, teilt das Leitungsorgan dies dem Anteilseigner umgehend mit.

5. Sollte über den Preis der Anteile keine Einigung erzielt werden können, wird ihr Wert von einem von den Parteien bestellten unabhängigen Sachverständigen bestimmt oder – sollte auch über den Sachverständigen keine Einigung erzielt werden können – vom zuständigen Gericht oder der zuständigen Verwaltungsbehörde festgesetzt.

2. Auf Antrag eines Anteilseigners kann das zuständige Gericht, wenn es sich davon überzeugt hat, dass die Interessen des Anteilseigners schwer geschädigt wurden, die Übernahme seiner Anteile durch die anderen Anteilseigner oder die SPE selbst anordnen und die Zahlung des Anteilspreises verfügen.

Ein entsprechender Antrag bei Gericht wird entweder innerhalb von 60 Kalendertagen nach dem in Absatz 3 genannten Beschluss der Anteilseigner oder – sollte innerhalb von 30 Kalendertagen, nachdem der Anteilseigner sein Ausscheiden aus der SPE mitgeteilt hat, kein Beschluss gefasst worden sein – innerhalb von 60 Kalendertagen nach Ablauf dieser Frist gestellt.

KAPITEL IV
KAPITAL

Artikel 19
Gesellschaftskapital

3. Unbeschadet des Artikels 42 lautet das Kapital der SPE auf Euro.

4. Das Kapital der SPE wird in vollem Umfang gezeichnet.

5. Die Anteile der SPE müssen bei Ausgabe nicht in voller Höhe bezahlt werden.

4. Das Kapital der SPE beträgt mindestens 1 Euro.

Artikel 20
Für die Anteile zu entrichtendes Entgelt

6. Die Anteilseigner müssen im Einklang mit der Satzung der SPE das vereinbarte Entgelt entweder bar entrichten oder die vereinbarte Sacheinlage leisten.

7. Außer bei einer Herabsetzung des Gesellschaftskapitals können die Anteilseigner nicht ihrer Pflicht zur Entrichtung des vereinbarten Entgelts bzw. zur Leistung der vereinbarten Sacheinlage enthoben werden.

3. Unbeschadet der Absätze 1 und 2 fällt die Verpflichtung der Anteilseigner für das gezahlte Entgelt bzw. die geleistete Sacheinlage unter das anwendbare innerstaatliche Recht.

80

Artikel 21
Ausschüttungen

5.   Unbeschadet des Artikels 24 kann die SPE auf Vorschlag des Leitungsorgans eine Ausschüttung an die Anteilseigner vornehmen, sofern die Vermögenswerte der SPE nach dieser Ausschüttung ihre Schulden in vollem Umfang abdecken. Die SPE darf keine Rücklagen ausschütten, die ihrer Satzung zufolge nicht ausschüttungsfähig sind.

2.   Falls die Satzung dies vorschreibt, unterzeichnet das Leitungsorgan der SPE zusätzlich zur Einhaltung des Absatzes 1 vor einer Ausschüttung eine Erklärung, nachstehend „Solvenzbescheinigung" genannt, in der bescheinigt wird, dass die SPE in dem auf die Ausschüttung folgenden Jahr in der Lage sein wird, ihre Schulden bei deren Fälligkeit im Rahmen ihrer normalen Geschäftstätigkeit zu begleichen. Den Anteilseignern wird diese Solvenzbescheinigung vor einem in Artikel 27 genannten Beschluss über die Ausschüttung vorgelegt.

Die Solvenzbescheinigung wird veröffentlicht.

Artikel 22
Rückforderung von Ausschüttungen

Jeder Anteilseigner, der Ausschüttungen erhalten hat, die nicht mit Artikel 21 in Einklang stehen, muss diese Ausschüttungen der SPE zurückerstatten, wenn diese nachweist, dass er über die Unregelmäßigkeit im Bilde war oder angesichts der Umstände darüber im Bilde hätte sein müssen.

Artikel 23
Eigene Anteile

6.   Die SPE zeichnet eigene Anteile weder direkt noch indirekt.

2.   Erwirbt die SPE eigene Anteile, so gelten die Artikel 21 und 22 entsprechend. Die SPE kann nur Anteile erwerben, die zur Gänze bezahlt sind. Die SPE verfügt stets über mindestens einen begebenen Anteil.

3.   Das Stimmrecht und andere nicht geldliche Rechte, die mit den eigenen Anteilen der SPE verbunden sind, werden ausgesetzt, solange die SPE die eingetragene Eigentümerin dieser Anteile ist.

4.   Löscht die SPE ihre eigenen Anteile, wird das Gesellschaftskapital entsprechend herabgesetzt.

7.   Anteile, die von der SPE unter Verletzung dieser Verordnung oder der Satzung erworben wurden, werden innerhalb eines Jahres nach ihrem Erwerb veräußert oder gelöscht.

8.   Vorbehaltlich des Absatzes 5 und der Satzung der SPE unterliegt die Löschung der Anteile dem geltenden innerstaatlichen Recht.

[25]

8. Für Anteile, die von einer Person zwar im eigenen Namen, aber für die SPE erworben wurden, gilt dieser Artikel entsprechend.

Artikel 24
Kapitalherabsetzung

9. Bei einer Herabsetzung des Gesellschaftskapitals der SPE gelten die Artikel 21 und 22 entsprechend.

2. Nach Bekanntgabe eines Beschlusses der Anteilseigner, das Kapital der SPE herabzusetzen, können Gläubiger, deren Forderungen schon vor Bekanntgabe dieses Beschlusses bestanden, beim zuständigen Gericht die Anordnung beantragen, dass die SPE ihnen angemessene Sicherheiten liefert.

   Ein solcher Antrag wird innerhalb von 30 Kalendertagen nach Bekanntgabe des Beschlusses gestellt.

3. Das Gericht kann die SPE nur zur Lieferung von Sicherheiten anweisen, wenn der Gläubiger glaubhaft nachweist, dass die Befriedigung seiner Forderungen durch die Kapitalherabsetzung in Gefahr ist und er von der SPE keine angemessenen Sicherheiten erhalten hat.

4. Eine Kapitalherabsetzung wird wie folgt wirksam:

10. wenn die SPE zum Zeitpunkt der Beschlussfassung keine Gläubiger hat, zum Zeitpunkt des Beschlusses;

11. wenn die SPE zum Zeitpunkt der Beschlussfassung Gläubiger hat, von denen keiner innerhalb von dreißig Kalendertagen nach Bekanntgabe des Beschlusses der Anteilseigner einen Antrag gestellt hat, am einunddreißigsten Kalendertag nach der Bekanntgabe;

12. ©wenn die SPE zum Zeitpunkt der Beschlussfassung Gläubiger hat, von denen einer innerhalb von dreißig Kalendertagen nach Bekanntgabe des Beschlusses der Anteilseigner einen Antrag gestellt hat, am dem die SPE die Anweisung des zuständigen Gerichts zur Lieferung von Sicherheiten zur Gänze erfüllt hat, oder – sollte dies früher der Fall sein – am ersten Tag, an dem das Gericht in Bezug auf sämtliche Anträge entschieden hat, dass die SPE keine Sicherheiten zur Verfügung stellen muss.

13. Dient eine Kapitalherabsetzung dem Ausgleich von Verlusten der SPE, darf der herabgesetzte Betrag ausschließlich zu diesem Zweck verwendet und kann nicht an die Anteilseigner ausgeschüttet werden.

14. Eine Kapitalherabsetzung wird bekanntgemacht.

15. Bei einer Kapitalherabsetzung ist die Gleichbehandlung aller Anteilseigner mit gleichhoher Beteiligung zu gewährleisten.

[26]

Artikel 25
Abschlüsse

(j) Für die Erstellung, Vorlage, Prüfung und Veröffentlichung von Abschlüssen gelten für die SPE die Vorschriften des anwendbaren innerstaatlichen Rechts.

2. Die Bücher der SPE werden vom Leitungsorgan geführt. Für die Buchführung der SPE gilt das anwendbare innerstaatliche Recht.

KAPITEL V
ORGANISATION DER SPE

Artikel 26
Allgemeine Bestimmungen

1. Die SPE verfügt über ein Leitungsorgan, das für die Leitung der SPE verantwortlich ist. Das Leitungsorgan kann alle Befugnisse der SPE ausüben, sofern diese Verordnung oder die Satzung nicht vorschreiben, dass sie von den Anteilseignern auszuüben sind.

2. Die Anteilseigner legen die Organisation der SPE vorbehaltlich dieser Verordnung fest.

Artikel 27
Beschlüsse der Anteilseigner

(j) Unbeschadet Absatz 2 werden zumindest die folgenden Fragen durch einen Mehrheitsbeschluss der Anteilseigner – so wie in der Satzung der SPE festgelegt – geregelt:

- (a) Änderung der an die Anteile gebundenen Rechte;

- (b) Ausschluss eines Anteilseigners;

- € Ausscheiden eines Anteilseigners;

- (d) Genehmigung des Jahresabschlusses;

- € Ausschüttung an die Anteilseigner;

- (f) Erwerb eigener Anteile;

- (g) Rückkauf von Anteilen;

- (h) Erhöhung des Gesellschaftskapitals;

- (j) Herabsetzung des Gesellschaftskapitals;

- (j) Ernennung und Entlassung von Mitgliedern der Unternehmensleitung und ihre Mandatszeit;

(b)   sofern die SPE einen Abschlussprüfer hat, Bestellung und Entlassung des Abschlussprüfers;

(c)   Verlegung des eingetragenen Sitzes der SPE in einen anderen Mitgliedstaat;

     (m)   Umwandlung der SPE;

     (n)   Verschmelzungen und Spaltungen;

     (o)   Auflösung;

     (p)   Änderungen der Satzung, die nicht die unter Buchstabe a bis o genannten Punkte betreffen.

2.   Beschlüsse zu den in Absatz 1 Buchstabe a, b, c, i, l, m, n, o und p genannten Punkten werden mit qualifizierter Mehrheit gefasst.

Für die Zwecke von Unterabsatz 1 darf die qualifizierte Mehrheit nicht weniger als zwei Drittel der gesamten Stimmrechte betragen, die an die von der SPE ausgegebenen Anteile gebunden sind.

3.   Die Annahme von Beschlüssen ist nicht an die Einberufung einer Hauptversammlung gebunden. Das Leitungsorgan übermittelt allen Anteilseignern die Beschlussvorlagen zusammen mit ausreichenden Informationen, so dass sie eine Entscheidung in voller Kenntnis der Sachlage treffen können. Die Beschlüsse sind schriftlich aufzuzeichnen. Jeder Anteilseigner erhält Kopien der gefassten Beschlüsse.

4.   Die Beschlüsse der Anteilseigner stehen mit dieser Verordnung und der Satzung der SPE im Einklang.

Die Rechte der Anteilseigner auf Anfechtung der Beschlüsse unterliegen dem anwendbaren nationalen Recht.

(d)   Hat die SPE lediglich einen Anteilseigner, nimmt er die in dieser Verordnung und in der Satzung der SPE festgelegten Rechte der Anteilseigner der SPE wahr und erfüllt ihre Verpflichtungen.

(e)   Beschlüsse zu den in Absatz 1 genannten Punkten sind bekannt zu machen.

(f)   Die Beschlüsse können wie folgt als Grundlage herangezogen werden:

(g)   in Bezug auf die Anteilseigner, das Leitungsorgan der SPE und ihr Aufsichtsorgan, falls vorhanden, ab dem Tag ihrer Annahme,

(h)   in Bezug auf Dritte im Rahmen der Bestimmungen des anwendbaren nationalen Rechts, mit dem Artikel 3 Absatz 5, 6 und 7 der Richtlinie 68/151/EWG umgesetzt wurde.

Artikel 28
Informationsrechte der Anteilseigner

1. Die Anteilseigner haben das Recht, in Bezug auf Beschlüsse, den Jahresabschluss und sonstige Angelegenheiten im Zusammenhang mit den Tätigkeiten der SPE ordnungsgemäß unterrichtet zu werden und einschlägige Fragen an das Leitungsorgan der SPE zu stellen.

2. Das Leitungsorgan kann den Zugang zu Informationen nur dann verweigern, wenn dieser den Geschäftsinteressen der SPE ernsthaft abträglich sein könnte.

Artikel 29
Recht auf Beantragung eines Beschluss und auf Bestellung eines unabhängigen Sachverständigen

2. Anteilseigner, die 5 % der an die Anteile der SPE gebundenen Stimmrechte besitzen, sind berechtigt, das Leitungsorgan um die Ausarbeitung einer Beschlussvorlage für die Anteilseigner zu bitten.

   In dem Antrag müssen die Gründe für einen derartigen Beschluss und die darin zu behandelnden Fragen dargelegt werden.

   Wird der Antrag abgelehnt oder legt das Leitungsorgan innerhalb von 14 Kalendertagen nach Erhalt des Antrags keine Beschlussvorlage vor, können die betreffenden Anteilseigner den anderen Anteilseignern eine Beschlussvorlage für die besagten Themen übermitteln.

2. Im Falle des Verdachts auf einen schwerwiegenden Verstoß gegen die Rechtsvorschriften oder die Satzung der SPE sind Anteilseigner, die 5 % der an die Anteile der SPE gebundenen Stimmrechte besitzen, berechtigt, das zuständige Gericht bzw. die zuständige Verwaltungsbehörde um die Bestellung eines unabhängigen Sachverständigen zu bitten, der Nachforschungen anstellt und den Anteilseignern über deren Ergebnisse berichtet.

   Der Sachverständige hat Zugang zu den Unterlagen und Aufzeichnungen der SPE und kann vom Leitungsorgan Informationen anfordern.

3. Die Satzung kann die in Absatz 1 und 2 genannten Rechte auch einzelnen Anteilseignern oder Anteilseignern gewähren, die weniger als 5 % der an die Anteile der SPE gebundenen Stimmrechte besitzen.

Artikel 30
Mitglieder der Unternehmensleitung

2. Nur eine natürliche Person kann Mitglied der Unternehmensleitung einer SPE sein.

2. Eine Person, die als Mitglied der Unternehmensleitung agiert, ohne offiziell dazu bestellt zu sein, wird als ein Mitglied der Unternehmensleitung angesehen, das allen Pflichten und der Verantwortung eines solchen Mitglieds nachzukommen hat.

5.   Eine Person, die den nationalen Rechtsvorschriften zufolge aufgrund eines Gerichts- oder Verwaltungsurteils eines Mitgliedstaats für die Ausübung der Aufgabe eines Mitglieds der Unternehmensleitung als ungeeignet erklärt wurde, kann nicht als Mitglied der Unternehmensleitung einer SPE tätig werden.

4.   Die Erklärung der mangelnden Eignung einer Person als Mitglied der Unternehmensleitung einer SPE fällt unter das anwendbare nationale Recht.

Artikel 31
Allgemeine Pflichten und allgemeine Verantwortung von Mitgliedern der Unternehmensleitung

1.   Ein Mitglied der Unternehmensleitung ist verpflichtet, im bestmöglichen Interesse der SPE zu handeln. Es handelt mit der Sorgfalt und der Eignung, die vernünftigerweise für die Ausübung der Tätigkeit gefordert werden können.

2.   Die Mitglieder der Unternehmensleitung stehen der SPE gegenüber in der Pflicht.

3.   Vorbehaltlich der Satzung der SPE vermeidet ein Mitglied der Unternehmensleitung jede Situation, von der vernünftigerweise davon ausgegangen werden kann, dass sie zu einem aktuellen oder potenziellen Interessenkonflikt zwischen seinen persönlichen Interessen und den Interessen der SPE bzw. zwischen seinen Verpflichtungen gegenüber SPE und seiner Pflicht gegenüber anderen juristischen oder natürlichen Personen führt.

4.   Ein Mitglied der Unternehmensleitung einer SPE ist dem Unternehmen gegenüber für jede Handlung oder unterlassene Handlung verantwortlich, die gegen seine Pflichten infolge dieser Verordnung, der Satzung der SPE oder infolge eines Beschlusses der Anteilseigner verstößt und der SPE einen Verlust oder einen Schaden verursacht. Wurde ein derartiger Verstoß von mehr als einem Mitglied der Unternehmensleitung begangen, haften alle betreffenden Mitglieder der Unternehmensleitung gesamtschuldnerisch.

5.   Unbeschadet dieser Verordnung fällt die Haftung der Mitglieder der Unternehmensleitung unter das anwendbare nationale Recht.

Artikel 32
Geschäfte mit nahe stehenden Unternehmen und Personen

Geschäfte mit nahe stehenden Unternehmen und Personen fallen unter die Vorschriften des anwendbaren nationalen Rechts zur Umsetzung der Richtlinien 78/660/EWG[26] und 83/349/EWG[27] des Rates.

Artikel 33
Vertretung der SPE gegenüber Dritten

[30]

---

[26]   ABl. L 222 vom 14.8.1978, S. 11.

[27]   Abl. L 193 vom 18.7.1983, S. 1.

1. Die SPE wird gegenüber Dritten durch ein oder mehrere Mitglied(er) der Unternehmensleitung vertreten. Handlungen der Mitglieder der Unternehmensleitung sind für die SPE verbindlich, auch wenn sie nicht zu den Gegenständen der SPE gehören.

2. In der Satzung der SPE kann vorgeschrieben werden, dass Mitglieder der Unternehmensleitung ihre allgemeine Vertretungsbefugnis gemeinsam wahrzunehmen haben. Jede weitere Beschränkung der Befugnisse der Mitglieder der Unternehmensleitung infolge der Satzung, eines Beschlusses der Anteilseigner oder einer Entscheidung des Leitungs- oder, falls vorhanden, des Aufsichtsorgans kann gegenüber Dritten nicht geltend gemacht werden, selbst wenn sie bekannt gemacht wurde.

1. Die Mitglieder der Unternehmensleitung können das Recht auf Vertretung der SPE im Sinne der Satzung entsprechend delegieren.

KAPITEL VI
ARBEITNEHMERMITBESTIMMUNG

Artikel 34
Allgemeine Bestimmungen

1. Vorbehaltlich der Bestimmungen dieses Artikels unterliegt die SPE den Regeln für Arbeitnehmermitbestimmung, die, falls vorhanden, in dem Mitgliedstaat anwendbar sind, in dem die SPE ihren eingetragenen Sitz hat.

2. Im Falle der Verlegung des eingetragenen Sitzes einer SPE findet Artikel 38 Anwendung.

1. Im Falle einer grenzübergreifenden Verschmelzung einer SPE mit einer in einem anderen Mitgliedstaat eingetragenen SPE oder sonstigen Gesellschaft finden die Vorschriften der Mitgliedstaaten zur Umsetzung der Richtlinie 2005/56/EG des Europäischen Parlaments und des Rates[28] Anwendung.

KAPITEL VII
VERLEGUNG DES EINGETRAGENEN SITZES DER SPE

Artikel 35
Allgemeine Bestimmungen

1. Der eingetragene Sitz einer SPE kann im Einklang mit diesem Kapitel in einen anderen Mitgliedstaat verlegt werden.

   Die Verlegung des eingetragenen Sitzes einer SPE führt nicht zur Liquidation der SPE oder einer Unterbrechung bzw. einem Verlust ihrer Rechtspersönlichkeit. Auch

[31]

---

[28]   ABl. L 310 vom 25.11.2005, S. 1.

Beeinträchtigt sie nicht die aus einem vor der Verlegung mit der SPE abgeschlossenen Vertrag herrührenden Rechte oder Verpflichtungen.

2. Absatz 1 findet nicht auf SPEs Anwendung, gegen die ein Verfahren wegen Auflösung, Liquidation, Insolvenz oder Zahlungseinstellung läuft oder gegen die von Seiten der zuständigen Behörden Präventivmaßnahmen zur Vermeidung der Einleitung derartiger Verfahren ergriffen wurden.

3. Eine Verlegung wird zum Zeitpunkt der Registrierung der SPE in dem Aufnahmemitgliedstaat gültig. Ab diesem Zeitpunkt wird die SPE in Bezug auf die unter Artikel 4 Absatz 2 genannten Punkte vom Recht des Aufnahmemitgliedstaats reguliert.

(a) Für die Zwecke von Gerichts- oder Verwaltungsverfahren, die vor der Verlegung des eingetragenen Sitzes eingeleitet wurden, wird die SPE nach der Registrierung gemäß Absatz 3 als ihren eingetragenen Sitz im Herkunftsmitgliedstaat habend angesehen.

Artikel 36
Verlegungsverfahren

(a) Das Leitungsorgan einer SPE, das eine Verlegung plant, erstellt einen Vorschlag für eine Verlegung, der zumindest die folgenden Angaben enthält:

(a) Name der SPE und Anschrift des eingetragenen Sitzes im Herkunftsmitgliedstaat;

(a) Name der SPE und Anschrift des vorgeschlagenen eingetragenen Sitzes im Aufnahmemitgliedstaat;

€ vorgeschlagene Satzung für die SPE im Aufnahmemitgliedstaat;

(d) vorgeschlagener Zeitplan für die Verlegung;

€ vorgeschlagener Termin, ab dem die Geschäfte der SPE unter Rechnungslegungsaspekten als im Aufnahmemitgliedstaat getätigt angesehen werden;

(f) Folgen der Verlegung für die Arbeitnehmer und für diese vorgeschlagene Maßnahmen;

(a) gegebenenfalls detaillierte Informationen über die Verlegung der Hauptverwaltung oder der Hauptniederlassung der SPE.

(a) Mindestens einen Monat vor der Fassung des in Absatz 4 genannten Beschlusses der Anteilseigner wird das Leitungsorgan der SPE

(a) den Anteilseignern und den Arbeitnehmervertretern bzw. für den Fall, dass derlei Vertreter nicht vorhanden sind, den Arbeitnehmern und den Gläubigern der SPE den Vorschlag für die Verlegung zur Prüfung vorlegen;

(b) den Vorschlag für die Verlegung bekannt machen.

(c) Das Leitungsorgan der SPE erstellt einen Bericht für die Anteilseigner, in dem die rechtlichen und wirtschaftlichen Aspekte der vorgeschlagenen Verlegung erläutert und begründet und die Auswirkungen der Verlegung für die Anteilseigner, die Gläubiger sowie die Arbeitnehmer im Einzelnen dargelegt werden. Der Bericht ist den Anteilseignern und den Arbeitnehmervertretern bzw. für den Fall, dass derlei Vertreter nicht vorhanden sind, den Arbeitnehmern selbst zusammen mit dem Vorschlag für die Verlegung vorzulegen.

Wird das Leitungsorgan rechtzeitig über die Haltung der Arbeitnehmervertreter zur Verlegung unterrichtet, informiert es die Anteilseigner darüber.

(d) Der Vorschlag für die Verlegung wird den Anteilseignern gemäß den Bestimmungen der Satzung der SPE betreffend die Änderung der Satzung zur Genehmigung vorgelegt.

(e) Wird in der SPE eine Form der Arbeitnehmermitbestimmung praktiziert, können sich die Anteilseigner das Recht vorbehalten, die Durchführung der Verlegung an ihre ausdrückliche Verabschiedung der Vereinbarungen über die Mitbestimmung der Arbeitnehmer im Aufnahmemitgliedstaat zu knüpfen.

6. Der Schutz von Minderheitsanteilseignern, die sich der Verlegung widersetzen, und von Gläubigern der SPE fällt unter die Rechtsvorschriften des Herkunftsmitgliedstaats.

Artikel 37
Überprüfung der Rechtsgültigkeit der Verlegung

1. Jeder Mitgliedstaat benennt eine zuständige Behörde, die die Rechtsgültigkeit der Verlegung durch Überprüfung der Einhaltung des in Artikel 36 genannten Verlegungsverfahrens zu kontrollieren hat.

2. Die zuständige Behörde des Herkunftsmitgliedstaats prüft unverzüglich, ob die Bestimmungen von Artikel 36 eingehalten wurden. Wenn dies der Fall ist, stellt sie eine Bescheinigung aus, in der bestätigt wird, dass alle Formalitäten des Verlegungsverfahrens im Herkunftsmitgliedstaat eingehalten wurden.

(f) Binnen eines Monats nach Erhalt der in Absatz 2 genannten Bescheinigung legt die SPE der zuständigen Behörde des Aufnahmemitgliedstaats die folgenden Unterlagen vor:

(g) die in Absatz 2 genannte Bescheinigung;

(h) die vorgeschlagene Satzung für die SPE im Aufnahmemitgliedstaat, so wie sie von den Anteilseignern genehmigt wurde;

(i) ©den Vorschlag für die Verlegung in der von den Anteilseignern genehmigten Form.

Diese Unterlagen dürften zur Eintragung der SPE im Aufnahmemitgliedstaat ausreichend sein.

4. Die zuständige Behörde des Aufnahmemitgliedstaats überprüft binnen 14 Kalendertagen nach Erhalt der in Absatz 3 genannten Unterlagen, ob die inhaltlichen und formalen Bedingungen für die Verlegung des eingetragenen Sitzes erfüllt sind. Wenn dies der Fall ist, ergreift sie die zur Eintragung der SPE erforderlichen Maßnahmen.

5. Die zuständige Behörde des Aufnahmemitgliedstaats kann die Eintragung einer SPE nur dann verweigern, wenn die SPE nicht alle inhaltlichen oder formalen Bedingungen im Sinne dieses Kapitels erfüllt. Die SPE wird eingetragen, wenn sie alle in diesem Kapitel genannten Bedingungen erfüllt hat.

6. Unter Verwendung des Meldeformulars in Anhang II meldet die zuständige Behörde des Aufnahmemitgliedstaats der für die Streichung der SPE aus dem Herkunftslandregister zuständigen Behörde die Eintragung der SPE im Aufnahmemitgliedstaat.

    Die Streichung aus dem Register hat unmittelbar nach Erhalt der Meldung zu erfolgen, die allerdings abzuwarten ist.

7. Eintragungen im Aufnahmemitgliedstaat und Streichungen aus dem Register des Herkunftsmitgliedstaats sind bekannt zu machen.

Artikel 38
Vereinbarungen über die Mitbestimmung von Arbeitnehmern

1. In Bezug auf Vereinbarungen über die Mitbestimmung von Arbeitnehmern unterliegt die SPE ab dem Zeitpunkt ihrer Eintragung den geltenden Bestimmungen im Aufnahmemitgliedstaat.

2. Absatz 1 findet keine Anwendung, wenn die Arbeitnehmer der SPE im Herkunftsmitgliedstaat mindestens ein Drittel der Gesamtarbeitnehmer der SPE einschließlich Tochtergesellschaften oder Zweigniederlassungen der SPE in einem anderen Mitgliedstaat ausmachen und eine der nachfolgend genannten Bedingungen erfüllt ist:

    (a) die Rechtsvorschriften des Aufnahmemitgliedstaats schreiben nicht mindestens dasselbe Maß an Mitbestimmung wie bei der SPE im Herkunftsmitgliedstaat vor ihrer Eintragung im Aufnahmemitgliedstaat vor. Das Maß der

    Arbeitnehmermitbestimmung ist durch Bezugnahme auf den Anteil von Arbeitnehmervertretern unter den Mitgliedern des Verwaltungs- oder des Aufsichtsorgans oder ihrer Ausschüsse bzw. der Gruppe zu messen, die die Gewinn erwirtschaftenden Einheiten der SPE leitet, sofern eine Vertretung der Arbeitnehmer vorhanden ist;

    (b) die Rechtsvorschriften des Aufnahmemitgliedstaats gewähren den Arbeitnehmern von Einrichtungen der SPE, die in anderen Mitgliedstaaten belegen sind, nicht den gleichen Anspruch auf

Ausübung von Mitbestimmungsrechten wie diese ihn vor der Verlegung besaßen.

3. Ist eine der in Absatz 2 Buchstabe a oder b genannten Bedingungen erfüllt, ergreift das Leitungsorgan der SPE baldmöglichst nach Bekanntgabe des Vorschlags für die Verlegung die erforderlichen Maßnahmen, um Verhandlungen mit den Vertretern der Arbeitnehmer der SPE aufzunehmen und eine Vereinbarung über die Modalitäten der Mitbestimmung der Arbeitnehmer zu erzielen.

4. In der Vereinbarung zwischen dem Leitungsorgan der SPE und den Arbeitnehmervertretern wird Folgendes angegeben:

    (a)   Geltungsbereich der Vereinbarung;

    (b)   der Inhalt einer Vereinbarung über die Mitbestimmung für den Fall, dass die Parteien im Laufe der Verhandlungen beschließen, eine solche Vereinbarung in der SPE nach der Verlegung einzuführen, einschließlich (gegebenenfalls) der Zahl der Mitglieder des Verwaltungs- oder des Aufsichtsorgans der SPE, welche die Arbeitnehmer wählen oder bestellen können oder deren Bestellung sie empfehlen oder ablehnen können, der Verfahren, nach denen die Arbeitnehmer diese Mitglieder wählen oder bestellen oder deren Bestellung empfehlen oder ablehnen können, und der Rechte dieser Mitglieder;

    (c)   der Zeitpunkt des Inkrafttretens der Vereinbarung und ihre Laufzeit sowie die Fälle, in denen die Vereinbarung neu ausgehandelt werden sollte, und das bei ihrer Neuaushandlung anzuwendende Verfahren.

5. Die Verhandlungen sind auf einen Zeitraum von sechs Monaten zu begrenzen. Die Parteien können sich darauf einigen, die Verhandlungen über diesen Zeitraum hinaus um weitere sechs Monate zu verlängern. Ansonsten fallen die Verhandlungen unter das Recht des Herkunftsmitgliedstaats.

6. Sollte keine Einigung erzielt werden, werden die Vereinbarungen über die Mitbestimmung im Herkunftsmitgliedstaat beibehalten.

KAPITEL VIII UMSTRUKTURIERUNG, AUFLÖSUNG UND UNGÜLTIGKEIT

Artikel 39
Umstrukturierung

Die Umwandlung, Verschmelzung und Spaltung der SPE unterliegt dem anwendbaren nationalen Recht.

Artikel 40
Auflösung

1.   Die SPE kann bei Eintreten der folgenden Umstände aufgelöst werden:

(a)   Ablauf des Zeitraums, für den sie gegründet wurde;

(b)   Beschluss der Anteilseigner;

2.   ©Fälle, die im anwendbaren nationalen Recht festgeschrieben sind.

2.   Die Auflösung unterliegt dem anwendbaren nationalen Recht.

3.   Liquidation, Insolvenz, Zahlungseinstellung oder vergleichbare Verfahren unterliegen dem anwendbaren nationalen Recht sowie der Verordnung (EG) Nr. 1346/2000 des Rates[29].

2.   Die Auflösung der SPE ist bekannt zu geben.

Artikel 41
Ungültigkeit

Die Ungültigkeit der SPE unterliegt dem anwendbaren nationalen Recht, mit dem Artikel 11 Absatz 1 Buchstabe a, b, c und e der Richtlinie 68/151/EWG umgesetzt wurde mit Ausnahme des Verweises in Buchstabe c von Artikel 11 Absatz 2 und Artikel 12 dieser Richtlinie auf den Gegenstand des Unternehmens.

KAPITEL IX
ZUSÄTZLICHE BESTIMMUNGEN UND ÜBERGANGSBESTIMMUNGEN

Artikel 42
Verwendung der Landeswährung

2. Mitgliedstaaten, in denen die dritte Phase der Wirtschafts- und Währungsunion (WWU) keine Anwendung findet, können SPEs mit eingetragenem Sitz in ihrem Hoheitsgebiet bitten, ihr Kapital in nationaler Währung anzugeben. Eine SPE kann ihr Kapital auch in Euro angeben. Als Umrechnungskurs nationale Währung/ Euro wird der Kurs zugrunde gelegt, der am letzten Tag des Monats vor der Eintragung der SPE galt.

2.   Eine SPE kann ihren Jahresabschluss und gegebenenfalls ihren konsolidierten Abschluss in den Mitgliedstaaten, in denen in die dritte Phase der Wirtschafts- und Währungsunion (WWU) keine Anwendung findet, in Euro erstellen. Diese Mitgliedstaaten können der SPE allerdings auch vorschreiben, ihren Jahresabschluss und gegebenenfalls ihren konsolidierten Abschluss gemäß dem anwendbaren nationalen Recht in der nationalen Währung zu erstellen.

[36]

---

[29]   ABl. L 160 vom 30.6.2000, S. 1.

KAPITEL X
SCHLUSSBESTIMMUNGEN

Artikel 43
Wirksame Anwendung

Die Mitgliedstaaten treffen alle geeigneten Vorkehrungen, um das Wirksamwerden dieser Verordnung zu gewährleisten.

Artikel 44
Sanktionen

Die Mitgliedstaaten legen die Regeln für Sanktionen bei Verstößen gegen die Bestimmungen dieser Verordnung fest und treffen die erforderlichen Maßnahmen für deren Anwendung. Diese Sanktionen müssen wirksam, verhältnismäßig und abschreckend sein. Die Mitgliedstaaten teilen der Kommission diese Vorschriften bis spätestens 1. Juli 2010 mit und unterrichten sie unverzüglich über alle späteren Änderungen dieser Vorschriften.

Artikel 45
Meldung von Gesellschaften mit beschränkter Haftung

Die Mitgliedstaaten teilen der Kommission bis spätestens 1. Juli 2010 die Form von in Artikel 4 Absatz 2 genannten Gesellschaften mit beschränkter Haftung mit.

Die Kommission veröffentlicht die Angaben im *Amtsblatt der Europäischen Union*.

Artikel 46
Verpflichtungen der für die Register zuständigen Behörden

2. Die für die Führung der in Artikel 9 Absatz 1 genannten Register zuständigen Behörden teilen der Kommission vor dem 31. März jeden Jahres den Namen, den eingetragenen Sitz und die Registernummer der SPEs mit, die im Vorjahr im Register eingetragen bzw. aus diesem gestrichen wurden, sowie die Gesamtzahl der eingetragenen SPEs.

3. Die in Absatz 1 genannten Behörden arbeiten zusammen, um sicherzustellen, dass die in Artikel 10 Absatz 2 aufgelisteten Urkunden und Angaben der SPEs auch über die Register aller anderen Mitgliedstaaten zugänglich sind.

Artikel 47
Überprüfung

Die Kommission überprüft die Anwendung dieser Verordnung spätestens bis zum 30. Juni 2015.

Artikel 48
Inkrafttreten

Diese Verordnung tritt am zwanzigsten Tag nach ihrer Veröffentlichung im *Amtsblatt der Europäischen Union* in Kraft.

Sie gilt ab dem 1. Juli 2010.

Diese Verordnung ist in allen ihren Teilen verbindlich und gilt unmittelbar in jedem Mitgliedstaat.

Geschehen zu Brüssel am

In Namen des Rates
Der Präsident

ANHANG I

Die Satzung einer SPE muss zumindest Folgendes regeln:

Kapitel II – Gründung

– Name der SPE;

– Name und Anschrift der Gründungsgesellschafter der SPE und Nennwert bzw. rechnerische Pariwert der von den Anteilseignern gehaltenen Anteile;

– Gründungskapital der SPE.

Kapitel III – Anteile

– Angabe, ob eine Unterteilung, Konsolidierung oder Neudenominierung der Anteile statthaft ist und etwaige anwendbare Bestimmungen;

– geldliche und nicht geldliche an die Anteile (Anteilskategorien) gebundene Rechte und Verpflichtungen, insbesondere

– a) Beteiligung am Vermögen und an den Gewinnen des Unternehmens, falls vorhanden;

– b) an die Anteile der SPE gebundene Stimmrechte, falls vorhanden;

– Verfahren zur Genehmigung etwaiger Änderungen der an die Anteile (Anteilskategorien) gebundenen Rechte und Verpflichtungen und vorbehaltlich Artikel 14 Absatz 3 erforderliche Mehrheit der Stimmrechte;

– etwaige Bezugsrechte entweder bei Emission oder bei Übertragung der Anteile, falls vorhanden, und etwaige anwendbare Bestimmungen;

– Angabe, ob die Übertragung der Anteile eingeschränkt oder verboten ist, Einzelheiten der Einschränkung oder des Verbots, insbesondere die Form, die Frist, das anwendbare Verfahren und die im Falle des Todes oder der Auflösung eines Anteilseigners anwendbaren Regeln;

– Angabe, ob die Zustimmung zur Übertragung der Anteile seitens der SPE oder der Anteilseigner erforderlich ist oder ob die SPE oder die Anteilseigner bei der Übertragung der Anteile sonstige Rechte erhalten (z.B. Recht auf eine erste Ablehnung) und Angabe der Frist, binnen derer der Übertragende über den Beschluss zu informieren ist;

– Angabe, ob die Anteilseigner über Artikel 17 hinaus das Recht haben, von anderen Anteilseignern die Veräußerung ihrer Anteile zu verlangen und etwaige anwendbare Bestimmungen;

– Angabe, ob die Anteilseigner über Artikel 18 hinaus das Recht haben, ihre Anteile an andere Anteilseigner oder die SPE zu veräußern und etwaige anwendbare Bestimmungen.

Kapitel IV – Kapital

– Angabe des Geschäftsjahres der SPE und der Art und Weise möglicher Änderungen;

– Angabe, ob die SPE gehalten ist, Rücklagen zu bilden, und wenn ja, Angabe der Art der Rücklage, der Umstände, unter denen sie zu bilden ist und ob sie ausschüttungsfähig ist;

– Angabe, ob Sacheinlagen durch einen unabhängigen Sachverständigen zu bewerten sind und Angabe etwaiger Formalitäten, die diesbezüglich eingehalten werden müssen;

– Angabe des Zeitpunkts, zu dem die Zahlung oder die Bereitstellung des Entgelts zu erfolgen hat und Angabe der Bedingungen, die an eine derartige Zahlung oder Bereitstellung gebunden sind;

– Angabe der Tatsache, ob die SPE in der Lage ist oder nicht, finanzielle Unterstützung zu leisten, indem sie insbesondere Mittel vorstreckt, Darlehen vergibt oder Garantien schafft, wenn es um den Erwerb von Anteilen seitens eines Dritten geht;

– Angabe, ob Zwischendividenden gezahlt werden können und etwaige anwendbare Bestimmungen;

– Angabe, ob das Leitungsorgan gehalten ist, vor einer Ausschüttung eine Solvenzbescheinigung zu unterzeichnen und etwaige anwendbare Bestimmungen;

– Angabe des Verfahrens, das die SPE befolgen muss, um eine rechtswidrige Ausschüttung rückgängig zu machen;

– Angabe der Tatsache, ob der Erwerb eigener Anteile zulässig ist, und wenn ja, Angabe des zu befolgenden Verfahrens, einschließlich der Bedingungen, unter denen die Anteile gehalten, übertragen oder annulliert werden können;

– Angabe des Verfahrens für die Erhöhung, Herabsetzung oder sonstige Änderung des Gesellschaftskapitals und der etwaigen anwendbaren Bestimmungen.

Kapitel V – Organisation der SPE

– Angabe der Methode zur Annahme von Beschlüssen der Anteilseigner;

– vorbehaltlich der Bestimmungen dieser Verordnung Angabe der zur Verabschiedung von Beschlüssen der Anteilseigner erforderlichen Mehrheit;

– Angabe der von den Anteilseignern zu verabschiedenden Beschlüsse (zusätzlich zu den in Artikel 27 Absatz 1 genannten), der Beschlussfähigkeit und der erforderlichen Stimmrechtsmehrheit;

– vorbehaltlich der Artikel 21, 27 und 29, Angabe der Regeln für die Vorlage von Beschlüssen;

– Angabe der Zeitspanne und der Art und Weise, binnen derer bzw. auf die die Anteilseigner über Vorschläge für Beschlüsse der Anteilseigner zu informieren sind und Angabe von Hauptversammlungen, sofern in der Satzung Hauptversammlungen vorgesehen sind;

– Angabe der Art und Weise, auf die sich Anteilseigner den Text eines vorgeschlagenen Beschlusses der Anteilseigner und im Zusammenhang mit der Verabschiedung des Beschlusses stehende Vorbereitungsunterlagen beschaffen können;

– Angabe der Art und Weise, auf die Kopien verabschiedeter Beschlüsse den Anteilseignern zur Verfügung gestellt werden;

– sofern in der Satzung die Annahme einiger oder aller Beschlüsse auf einer Hauptversammlung vorgesehen ist, Angabe der Art und Weise der Einberufung der Hauptversammlung, der Arbeitsmethoden und der Regeln für die Abstimmung per Stimmrechtsvertretung;

– Angabe des Verfahrens und der Fristen für die SPE, auf Anfragen der Anteilseigner nach Informationen, die Gewährung des Zugangs zu Unterlagen der SPE und nach Bekanntgabe von Beschlüssen, die von den Anteilseignern verabschiedet wurden;

– Angabe, ob sich das Leitungsorgan der SPE aus einem oder mehreren Mitgliedern der Unternehmensleitung, einem Leitungsgremium (dualistisches System) oder Verwaltungsgremium (monistisches System) zusammensetzt;

– im Falle eines Verwaltungsgremiums (monistisches System) Angabe seiner Zusammensetzung und seiner Organisation;

– im Falle eines Leitungsgremiums (dualistisches System) Angabe seiner Zusammensetzung und seiner Organisation;

– im Falle eines Leitungsgremiums (dualistisches System) oder eines oder mehrerer Mitglieder der Unternehmensleitung Angabe, ob die SPE ein Aufsichtsorgan hat und wenn ja, Angabe seiner Zusammensetzung und seiner Beziehung zum Leitungsorgan;

– Angabe etwaiger Auswahlkriterien für Mitglieder der Unternehmensleitung;

– Angabe des Verfahrens für die Bestellung und die Abberufung von Mitgliedern der Unternehmensleitung;

– Angabe der Tatsache, ob die SPE einen Abschlussprüfer hat und ob die Satzung vorsieht, dass die SPE einen solchen Abschlussprüfer haben sollte, das Verfahren für seine Bestellung, seine Abberufung und seinen Rücktritt;

– Angabe etwaiger sonstiger spezifischer Aufgaben von Mitgliedern der Unternehmensleitung, die nicht in dieser Verordnung genannt werden;

– Angabe, ob Situationen, die einen durch ein Mitglied der Unternehmensleitung verursachten aktuellen oder potenziellen Interessenkonflikt beinhalten, zugelassen werden können und wenn ja, Angabe der Person, die einen solchen Konflikt zulassen kann und Angabe der anwendbaren Bestimmungen und Verfahren für die Zulassung eines solchen Konflikts;

– Angabe, ob die in Artikel 32 genannten Geschäfte mit nahe stehenden Unternehmen und Personen genehmigt werden müssen und Angabe der anwendbaren Bestimmungen;

– Angabe der Regeln für die Vertretung der SPE durch das Leitungsorgan, insbesondere der Tatsache, ob die Mitglieder der Unternehmensleitung berechtigt sind, die SPE gemeinsam oder allein zu vertreten und ob dieses Recht delegiert werden kann;

– Angabe der Regeln für die Delegierung der Befugnisse des Leitungsorgans an eine andere Person.